Mélanges

D'ARCHÉOLOGIE ET D'HISTOIRE,

PAR

Emile Bégin.

TIRÉS A 50 EXEMPLAIRES.

METZ,
IMPRIMERIE, LIBRAIRIE ET LITHOGRAPHIE DE VERRONNAIS,
Rue des Jardins, n.° 14.

1840.

TABLE

DES

MATIÈRES CONTENUES DANS CETTE BROCHURE.

Études

SUR

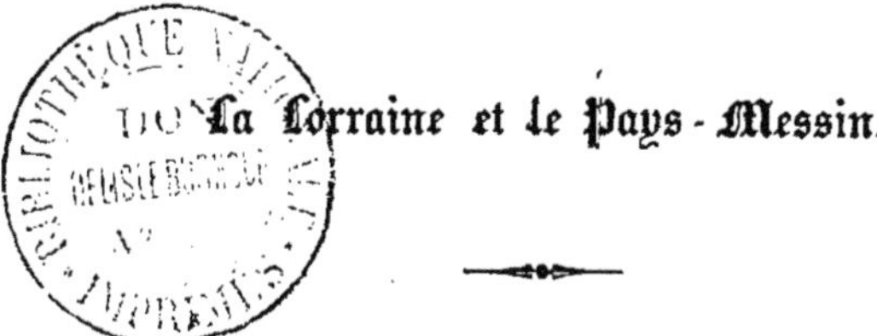

La Lorraine et le Pays-Messin.

I. ÉPOQUE GAULOISE OU KELTIQUE.

Un peuple composé de plusieurs races, les unes indigènes, les autres sorties des forêts de l'Arduène (Ardenne) ou de la Germanie ; peuple brave, n'ayant d'autre passion que la guerre, d'autres ressources que la chasse et la pêche, occupait, il y a plus de deux mille ans, le territoire compris entre la Meuse, l'Aisne, la Savarre (Sarre) et les Vosges. Ce territoire, aujourd'hui si riche de culture et d'industrie, était en grande partie couvert d'eaux stagnantes, de marais infects, de plantes sauvages, d'arbres vieux comme le monde. Des animaux féroces le parcouraient avec impunité : c'est à eux que l'homme disputait les aliments grossiers dont il faisait sa nourriture ; et quand je dis l'homme, qu'on ne suppose pas un de ces êtres privilégiés, destinés à dominer la nature, à scruter ses mystères : c'était l'homme non civilisé, parfait au physique, imparfait au moral, le Kelte ou Celte qui mena si long-temps une existence nomade sur les rives du Rhin, de la Meuse et de la Moselle. Des bourgades éparses dans les vallons fertiles, de modestes et chétives cabanes servaient de retraites à nos ancêtres, unis entre eux par des habitudes féroces plutôt que par des idées de bien-être. Peu versés dans l'art de fabriquer les métaux, ils employaient des instruments en pierre, en silex ou en bois. Cependant, un doute s'élève dans notre esprit. D'où viennent ces anneaux en fer qu'on voit encore à quelques sommités vosgiennes, fichés dans le rocher comme pour amarrer des bâtiments, lorsque les eaux de la mer couvraient le lac d'Alsace? Quelle peuplade inconnue est venue porter là le tribut de sa civilisation? Était-elle antérieure, contemporaine ou postérieure aux Keltes?.... Quoi qu'il en soit, à l'époque reculée dont nous esquissons le tableau, apparaissaient déjà du sein de la barbarie quelques sages connus sous le nom de druides, philosophes avancés dans les sciences contemplatives, et qui, ne pouvant ou ne voulant pas communiquer leur savoir aux masses, leur imposaient par de mystérieuses cérémonies, des révélations astronomiques, et par une effrayante mythologie. Prêtres, législateurs, médecins, guerriers, les druides étaient tout; ils avaient le monopole de la pensée. D'une main ils traçaient, en caractères hiéroglyphiques, l'histoire des âges du monde ou les vertus des plantes; de l'autre, ils tenaient l'épée des combats ou la hache des sacrifices. Les parties les plus sombres des forêts recélaient leurs mystères. C'étaient ordinairement d'énormes rochers mis en équilibre par des procédés qu'on ne peut s'expliquer aujourd'hui, des pierres tournantes, des pierres fichées, ou des bas-reliefs représentant quelque sacrifice. Les montagnes les plus élevées étaient pour eux des points de communication avec le ciel. Ils y dressaient leurs gigantesques autels ou *dolmens,* y formaient leurs *mallus* ou lieux d'assemblées, et réunissaient autant que possible dans une trinité matérielle et symbolique les signes extérieurs d'une croyance empruntée aux mythes de l'Égypte et de la Phénicie. Ainsi le *Chazeté*, le *Climont* et le *Noirmont*, montagnes coniques dont la teinte rouge s'harmonisait agréablement avec le feuillage dentelé du chêne et le gris argenté des lichens, présentaient sur leurs terrasses, accessibles d'un seul côté, trois *dolmens* formés de blocs calcaires autour desquels le druide avait soigneusement conservé l'image d'une éternelle stérilité. Voulez-vous, malgré l'intervalle immense qui nous sépare des Keltes, suivre, pour arriver jusqu'à eux, le pont hardi que la civilisation a jeté sur l'abîme des âges; vous traverserez, à l'ouest du Paire de Taintrux, la forêt vierge, *castum nemus*, dont parle Tacite; vous suivrez, au milieu d'une nuit obscure, des sentiers ombragés sous lesquels gît un peuple de fantômes; en approchant des trois montagnes, vous vous mêlerez à la foule pieuse que les feux allumés appellent aux prières, et vous vous arrêterez avec elle sur l'immense terrasse qui entoure le plateau consacré. Ce plateau, c'est le *Chazeté*, vaste cirque ellipsoïde, ayant sept cents pas de circonférence. Écoutez, les chants se font entendre. Le sacrificateur, placé au tiers de la longueur de l'ellipse, plonge au fond d'un bassin creusé dans un bloc de grès la victime qu'il consacre au génie tutélaire du pays; il trempe ensuite la branche de gui de chêne dans l'eau lustrale, et chasse de ses aspersions les esprits malfaisants qui poursuivent les fidèles. Voici la première étoile. A son apparition doivent cesser les rapports des hommes avec la divinité. Elle quitte le lieu du sacrifice; la foule, de son côté, s'écoule avec un bruissement sourd que semblent imiter les ondes des Rouges-Eaux, et une vallée sainte, jadis peuplée de chênes consacrés, vous conduit, à travers des tombelles gauloises, vers d'autres montagnes réservées au culte druidique, ou sur des collines dont le tiers des dénominations appartient à la langue keltique. La *Voed* (Wad, garde), qui domine le vallon de Weissembach; le *Poigeat*, nom patois qui vient du keltique *Pougard*, éminence de feu et de sang; le *Donon*, consacré à *Taran*, Jupiter gaulois; l'*Engelberg*, canton des Trois-Saints; l'*Altdorf* ou vieux village; le *Gross* et le *Klein-Mann*; le *Cromlech* de *Sainte-Odile*; le *Breitenstein*, *pierre large*, situé près de la commune d'Althorn (Moselle); le *Spitstein*, *pierre pointue*, entre la Petite-Pierre et Bitche; le *Kunkel* ou les *Quenouilles*, élevées jadis dans la vallée d'Abreschviller (Meurthe); la *Pierre branlante*, non loin de Wasselonne; plus de cent pierres hautes de trois toises et épaisses de deux, qui dominaient encore au XVI.[e] siècle la crête des Alpes alsaciennes, sont autant de monuments du culte druidique. *Vosegos*, dieu des montagnes, a donné son nom à une grande partie de la Lorraine; *Arduena*, vierge des bois, régna sur la vaste forêt d'Arduène; *Thot*, dieu du feu, fut adoré le long de la Moselle depuis Remiremont jusqu'à Trèves; *Kernunnos*, dieu de la chasse, eut son effigie dans la haute Lorraine, comme il l'avait à Paris; et l'encens brûla, aux environs de Metz, sur les autels d'*Odin*. Enfin, chaque localité présenta son génie tutélaire, sa déité protectrice; les sources salées de la Seille devinrent l'objet d'un culte particulier; l'imagination des druides peupla les forêts d'une foule d'êtres surhumains, dont le souvenir fabuleux, conservé dans les campagnes, vient encore se mêler aujourd'hui aux causeries de la vieillesse, ou captiver les songes de l'enfance. Combien d'usages, de coutumes bizarres remontent jusqu'aux Keltes! Combien de mots leur appartiennent, qui n'ayant de racine dans aucune langue connue, semblent réservés par une nature prévoyante pour indiquer les vestiges effacés d'anciennes générations éteintes! *Divodurum*, *Virodunum* (Metz, Verdun), sont des mots d'origine keltique; ils s'appliquent aux cités guerrières qui avaient sous les Romains le plus d'importance dans notre pays, et témoignent, autant que le pourrait un monument matériel, de l'antiquité de ces deux villes.

Avant l'invasion romaine, des rudiments d'organisation sociale existaient déjà dans notre vieille Gaule : rudiments fort incomplets sans doute, mais offrant néanmoins une division territoriale bien tranchée. La Gaule fut d'abord toute *keltique*, composée de masses sans doute aborigènes de l'Asie, livrées au fétichisme le plus grossier. Elle emprunta ensuite aux croyances orientales l'idée de ces *cromlechs*, de ces *dolmens*, de ces *menhirs*, qui semblent l'ouvrage de génies surhumains, et que l'art moderne, avec ses immenses ressources, ne saurait peut-être élever. Une puissance sacerdotale la dominait, lui suggérait l'idée d'un grand être, la dirigeait dans ses travaux, dans ses croyances et ses expéditions lointaines. C'est la seconde période de notre histoire, laquelle se rapproche plus qu'on ne pense des civilisations égyptienne et phénicienne, introduites sur nos côtes maritimes bien long-temps avant de pénétrer dans les terres. La troisième période, période *druidique*, presque contemporaine à César, car elle ne remontait pas alors à plus de trois ou quatre siècles d'ancienneté, s'offrit aux Romains, d'une part, avec un culte vieilli dont les druides eux-mêmes avaient perdu la trace; d'autre part, avec un culte jeune et vivace, qui admettait, indépendamment des mythes inexplicables de la Phénicie, un système de croyances reposant sur cinq divinités principales :

Teuth ou *Teutath*, le père du peuple;
Hesus ou *Esus*, ou *Taran*, le tonnerre;
Belen, le soleil, invoqué dans les maladies;
Kamulus, dieu de la guerre;
Nehalen ou *Ardoïna*, la lune.

Beaucoup d'autres divinités subalternes, telles que *Vosegos*, *Kernunnos*, *Gran* ou *Granus*, *Wodan*, *Rhein* ou le *Rhin*, *Gabro*, *etc.*, semblent avoir été, chacune dans sa spécialité sainte, le génie d'une contrée, celui sous l'influence duquel s'était opérée sa division.

Antérieurement à César, les Gaules se composaient de trois grandes sections, qui différaient entre elles sous le rapport des mœurs, du caractère et des lois.

La première, appelée *Aquitanie*, s'étendait entre les Pyrénées et la Garonne, les Alpes, la Méditerranée et l'Océan. Les mœurs de ses habitants se rapprochaient beaucoup des types de la Grèce, de Rome et de l'Ibérie, contrées avec lesquelles ils étaient en rapports commerciaux fort actifs.

La seconde, bornée par la Garonne, l'Océan, la Belgique et la partie supérieure du Rhin, conservait le nom de *Keltique*, ainsi que la langue originelle, les coutumes et les lois de ses premiers possesseurs.

La troisième division des Gaules, appelée *Belgique*, étendue, à l'est et au nord, depuis le cours inférieur du Rhin jusqu'à l'Océan britannique qui la fermait au nord-ouest, se trouvait peuplée en partie d'anciens Keltes, et en partie de races germaines qui avaient envahi leur territoire. Ces races, essentiellement guerrières, toujours en lutte avec les Germains, étaient les plus braves et les moins civilisées de la Gaule. Notre territoire faisait partie de cette *Gaule belgique*, car la ligne frontière qui la séparait de la *Keltique* passait entre les *Médiomatrices* et les *Séquaniens*. Les *Médiomatrices*, ou plutôt les *Keltes Divoduriens*, habitaient la partie moyenne du cours de la Moselle, la moitié du cours de la Sarre, depuis ses sources, et la moitié de celui de la Seille, depuis son embouchure; à l'occident des Divoduriens, les Keltes Sclabiens ou Viroduniens (Verdunois) occupaient sur les rives de la Meuse un territoire d'une étendue de dix lieues, faisant partie de la Belgique médiomatricienne ; au midi, les Leucquois (Toulois) possédaient le cours de la Meuse, de la Moselle et de la Seille, en remontant, dans une longueur de vingt lieues, jusqu'aux sources de ces rivières. La contrée que les modernes ont nommée *Lorraine* et *Trois-Évêchés* formait en conséquence, déjà sous les Gaulois, deux grandes sections qui demeurèrent séparées jusqu'à nos jours, malgré une communauté palpable d'origine. Elles avaient leur peuple à part, leur individualité politique, leurs chefs ou *richs,* leur sénat, leurs armées, leur commerce, leurs monnaies, leur genre d'habitations et leurs costumes. Les éléments d'industrie devaient être fort restreints. Ils se bornaient sans doute à la recherche des parcelles d'or qu'on recueillait dans le Rhin, à l'exploitation des mines d'argent et de cuivre des Vosges, aux échanges de bestiaux, à la vente de peaux d'ours, d'élans et d'urus qui habitaient alors nos montagnes.

Nos ancêtres n'avaient pas encore de temples avant l'invasion romaine. Leurs lieux consacrés étaient ceints de murailles. Ils y plaçaient la divinité dont ils sculptaient grossièrement l'image, et confiaient à des prêtres, soit keltes, soit germains, la conservation de leurs mystères. Ces prêtres portaient les cheveux et la barbe courts, un *sagum* à manches assez amples, avec de larges plis, tandis que le sagum des guerriers ne dépassait pas le genou : c'est ce qui résulte de plusieurs bas-reliefs consacrés par les Tribosques et les Keltes aux chefs religieux et militaires qu'ils ont divinisés.

Les habitations de ces peuples sauvages, formées tantôt de moellons énormes sans mortier ni ciment, tantôt de branches entrelacées, étaient circulaires, couvertes de chaume ou de bruyère, et séparées les unes des autres par de vastes enclos. Leurs tombeaux, placés à courte distance des habitations, avaient une forme prismatique ou une forme ronde. Les premiers, décorés souvent de sculptures grossières à leur face principale, y présentaient une ouverture communiquant par un conduit à une cavité intérieure qui renfermait les cendres du défunt; les seconds, fort communs dans les départements de la Meurthe et des Vosges, ne sont autre chose que des pierres creusées en forme de mortier à piler, sans inscription ni sculpture.

La massue, la hache, le javelot alongé comme une lance, l'épée longue et mousse, suspendue à droite après une chaîne qui servait de ceinture, l'arc et la fronde, étaient les armes ordinaires des Keltes et des Germains; leurs boucliers avaient une forme plate, alongée, ovale, ou octangulaire. Cultivateurs, on les représente avec un sagum étroit, écourté, qui ne gêne en rien leurs mouvements. Guerriers, ils portent un sagum de même genre, mais fait de peau de mouton ou d'animal sauvage; ils marchent en poussant de grands cris, et arborent sur leurs étendards le *sanglier*, symbole de force et de puissance.

Les monnaies se frappaient à Trèves, à Divodure, à Virodunum. Elles étaient d'or et d'argent, et si peu communes, qu'on doit les considérer aujourd'hui plutôt comme ayant été destinées à marquer la nationalité d'un peuple, la puissance reconnue d'un vainqueur, qu'à servir de moyen commercial entre des hommes qui opéraient par échanges de produits.

II. ÉPOQUE KELTO-ROMAINE.

Le moment des grandes émigrations ultrà-rhénanes était arrivé. Les Helvétiens descendaient de leurs montagnes pour conquérir un climat plus doux ; Arioviste, chef suprême des All-Manns, passait le Rhin à la tête de ses hordes barbares, beaucoup moins civilisées que les Gaulois, et, se mêlant aux Keltes, venait occuper une partie du pays que nous habitons. Appelé en Provence pour repousser les Helvétiens qui avaient déjà pénétré jusque là, César fut accueilli des Gaulois comme un libérateur. On le pria de combattre Arioviste, de repousser les Harudes et les Suabes avant qu'ils n'eussent traversé le Rhin et la Moselle ; les Trévirs lui envoyaient des ambassadeurs, les Leucques lui promettaient des vivres. La tranquillité de la république était intéressée à ce que le général romain ne s'arrêtât point sur le Rhône. Il traversa donc le territoire bizontin, cinquante-huit ans avant l'ère vulgaire, établit quelques troupes au-delà des Vosges, traversa ces montagnes appuyé des Leucques, peuple habile à manier le dard, pour arriver jusqu'au Rhin, où il battit Arioviste. Les Médiomatrices, les Sclabiens eurent-ils quelque part à cette guerre? On l'ignore, mais je le pense ; car les Tribosques, peuple originaire de la mer Baltique, qui s'était fixé depuis long-temps chez les Médiomatrices (en Alsace et dans les Vosges), combattait sous les drapeaux d'Arioviste. César assigna des quartiers d'hiver à ses troupes : elles demeurèrent plusieurs mois entre le Rhin, la Meuse et la Moselle ; mais leur séjour trop prolongé chez un peuple jaloux de ses droits et de sa liberté souleva, l'année suivante, toute la Gaule contre Rome. Les Belges, les Cimbres, les Teutons et les Germains formèrent avec elle une confédération de trois cent mille hommes dont César triompha. Les Médiomatrices, les Sclabiens et les Leucques ne semblent pas avoir pris une part active à cette guerre. Sans doute ils demeurèrent dans des conditions de neutralité. Il en fut de même deux années plus tard, lorsque César combattit les Germains, les Trévirs, les Ménapiens et les autres nations belges. Cependant Ambiorix, l'un de ses plus dangereux adversaires, poursuivi par Lucius Minutius Basilius, trouva un refuge dans la forêt d'Arduène qui avait plus de cinq cents milles de longueur, et régnait en partie sur le territoire médiomatricien, ce qui donnerait à penser que Divodure (1) se déclarait en secret contre l'ennemi commun, et attendait une occasion favorable pour prendre ouvertement le parti national. Lorsqu'à la voix puissante de Vercingétorix, la Gaule entiere se leva comme un seul homme pour repousser l'aigle romaine, les Médiomatrices entrèrent dans la ligue. César, vainqueur, regagna l'Italie, emmenant avec lui la fleur de la jeunesse tribosque et médiomatricienne, et laissa à Labiénus le soin difficile de conserver avec deux légions sa nouvelle conquête. S'il avait été moins préoccupé d'idées ambitieuses, il eût organisé politiquement les Gaules, mais une fatale destinée l'entraînait à Rome ; et l'empereur Auguste devait plus tard consolider par des institutions les victoires de son père. Ce monarque vint dans les Gaules, les divisa en dix-sept pro-

(1) Metz.

vinces qui comprenaient cent quinze cités importantes, organisa une administration toute romaine, ordonna un dénombrement et des impôts contre lesquels se souleva vainement l'opinion publique.

A compter de ce jour, on appela *Gaule lyonnaise* le territoire compris entre la Garonne, les Alpes et le haut Rhin; *Germanie supérieure*, la langue de terre qui allait de Schelestadt à Mayence, ainsi que la partie des Vosges occupée par les Tribosques; et *Germanie inférieure*, toutes les contrées qui s'étendaient depuis Mayence jusqu'à l'Océan. Ainsi la haute Alsace fit partie de la Gaule lyonnaise, et la basse Alsace de la Germanie supérieure. Les *Trévirs*, les *Médiomatrices*, les *Leucques* et les *Sclabiens* constituaient la *première Belgique*, et huit légions stationnées sur le Rhin furent chargées de sa défense. Des chefs expérimentés, tels que Drusus, Caïus Silius, Gétulicus, se succédèrent dans le commandement suprême des deux Germanies, et fondèrent d'imposantes forteresses pour la défense de nos frontières. Germanicus, Lucius Vetus, Corbulon, surent allier la magie des conquêtes aux bienfaits d'une administration éclairée. On en ressentit la douce influence sur les bords de la Moselle qui se couvraient de monuments somptueux, tandis que leurs braves et aventureux habitants, devenus les fidèles alliés de Rome, repoussaient vaillamment ces hordes d'All-Manns qu'ils avaient toujours combattues. Malheureusement les barbares, semblables à l'hydre à cent têtes, semblaient se multiplier en proportion de leurs défaites. Les invasions continuaient : les Cattes, fixés sur la Moselle et la haute Savarre, appelaient Galba pour les combattre; les Teutons, devenus l'ennemi commun des Romains et des Gaulois, après avoir envahi l'Arduène, s'avançaient vers la Chiers, la Savarre inférieure, et commençaient des établissements qu'ils devaient quitter pour les reprendre deux siècles plus tard. Malgré ces périls incessants, et peut-être à cause d'eux, une fusion définitive avait lieu entre l'aristocratie romaine et l'aristocratie gauloise. Cette dernière, introduite au sénat, participait à tous les honneurs de l'empire. Les patrices médiomatriciens, vendus au pouvoir, gagnaient en fortune ce qu'ils perdaient en patriotisme. Les druides eux-mêmes, si attachés à leurs croyances, subissaient la destinée commune : les dieux de la Grèce et de Rome se mêlant aux divinités de la Gaule, engendraient une mythologie mixte ; et, prêtres de Jupiter, comme ils l'avaient été de Thot ou d'Esus, les druides faisaient plier le culte aux exigeances politiques et sociales. Voilà pourquoi l'on rencontre si souvent dans les sculptures gallo-romaines du pays des images qui diffèrent de celles que le paganisme romain nous présente dans sa pureté native. Elles ont un caractère d'étrangeté sauvage, d'indécision calculée qui les fait reconnaître.

La Gaule incandescente, remuée jusque dans ses entrailles par d'ambitieuses rivalités, vouée aux atroces exigeances de la conquête, aux incertitudes d'une condition sociale mal assurée, touchée d'ailleurs profondément des injustes massacres commis par les satellites de l'empire ; la Gaule fière et hautaine, parce qu'elle se sentait puissante, lève l'étendard de la révolte. Les Caracattes, les Vangions, les Tribosques, et partie des Médiomatriciens encore émus du carnage dont les soldats de Valens avaient ensanglanté Divodure, confient leurs intérêts les plus chers à Civilis, à Sabinus, à Tutor. Un cri de liberté se fait entendre depuis les rives du Rhin jusqu'aux Alpes, et l'on voit accourir une foule de combattants revêtus de casques et de sagums en peaux d'animaux sauvages, tenant à la main le long javelot des Keltes, tels enfin qu'on nous représente les soldats gallo-romains, qui venaient récemment de marcher sur Rome, sous la conduite de Cécinna. Mais, cette fois encore, le génie impérial triompha, et ce fut la trahison, plus que le glaive, qui riva des fers à nos ancêtres.

Un siècle environ s'est écoulé depuis la conquête césarienne : le génie de Rome a plané sur la Gaule. Divodure, Verdun, Toul, *Divodurum, Virodunum, Tullo Leucorum*, Scarpone, Naix (*Nasium*), mais surtout Divodure, acquièrent une grande importance et prennent une attitude toute romaine. Gran, Dieuze (Decempagi), Saint-Dié, Soulosse (Solimariaca), Sarrebourg (Pons-Saravi), Ariopolis, Caranusca, Riccianum, Ibliodurum, et plusieurs autres stations considérables, se peuplent d'habitants. En moins de trois siècles, plus de quarante camps romains sont établis sur les hauteurs; des aqueducs, des théâtres, des temples et des forteresses s'élèvent de toutes parts; plusieurs grandes voies facilitent les rapports militaires et commerciaux que les Médiomatrices et les Leucques entretiennent avec Rome ou Trèves. Pour les étendre davantage, Corbulon, stationné sur le Rhin l'an 48 de Jésus-Christ, creuse un canal de jonction d'environ huit lieues entre ce fleuve et la Meuse. Dix ans plus tard, Lucius Vetus veut attacher son nom à un autre canal qui eût établi un rapport direct de la Moselle à la Saône; mais la jalousie s'oppose à ce projet renouvelé vingt fois depuis, et son inexécution hâte vraisemblablement la chute de l'empire. Chaque jour de nouvelles colonies romaines usurpent une partie du sol; les approches des villes, les rives des grands cours d'eau, couvertes de monuments, reçoivent l'impulsion fécondante d'une culture variée; les sources minérales de Plombières, Bourbonne, Niederbronn, etc., sont fréquentées par le beau monde; plusieurs *forums* ouverts au public tous les neuf jours, des *emporiums* ou marchés annuels consacrés à Jupiter, facilitent les rapports commerciaux; l'intérieur des cités, embelli par les arts, prend un aspect brillant : partout la civilisation répand ses bienfaits. Voyez dans les rues messines, scarponaises, nasiennes et touloises, ces portiques soutenus par des colonnes corinthiennes, où j'entends bruire de nombreux clients à la suite de leur patrice; voyez ces murailles revêtues de granit des Vosges, ces fresques si vives, ces soubassements et ces frises d'une coupe si régulière, d'un dessin si parfait. Ces temples que vous rencontrez d'intervalle en intervalle, sont consacrés à Jupiter, à Mercure, à Diane, à Apollon, à Castor et Pollux, à la Victoire; ces arcs de triomphe, ces pierres votives décorées d'inscriptions, ont été dédiés aux divinités subalternes, aux monarques qu'encensa toujours la flatterie des grands. Voilà des bains pour la salubrité commune, des théâtres auxquels un peuple entier peut assister; voilà les eaux d'une fontaine amenées à Divodure par un circuit de cinq lieues, pour alimenter une naumachie que décorent trois à quatre cents colonnes granitiques. Et c'est à trois cents lieues de Rome, sur un sol étranger, entouré d'ennemis audacieux, qu'une poignée de guerriers enfantent de si grandes choses!...

Indépendamment de la légion médiomatricienne campée sur nos rives pour veiller au salut de l'empire, plusieurs légions romaines, célèbres dans l'histoire, ont occupé le nord-est des Gaules. Nous citerons entre autres cette légion venue d'Egypte, où elle servait sous le grand Pompée, pour renforcer le corps de Labiénus dans le pays des Leucques et sur les bords de la Sarre. C'est probablement à elle que sont dues toutes les sculptures égyptiennes trouvées soit à Metz, soit à Toul, soit au camp d'Afrique près de Ludres, monuments singuliers dont la présence en Lorraine ne saurait être autrement expliquée. Chaque légion avait ses ingénieurs et ses artistes; et pendant qu'une main puissante traçait autour de nous en arc de cercle, depuis la Meuse jusqu'aux sources de l'Ill, une triple ligne de camps fortifiés, afin d'arrêter les incursions du Nord, des architectes, des sculpteurs et des peintres, déposant leur glaive pour manier le compas ou le pinceau, transplantaient avec plus ou moins d'habileté les arts de l'Italie dans la Gaule médiomatricienne. La paix qui régna sous Domitien, Nerva et Trajan, le génie administratif de ces empereurs, l'activité d'Adrien, et la connaissance parfaite qu'il possédait de nos provinces pour les avoir long-temps parcourues, y facilitèrent beaucoup le développement des sciences et de l'industrie. Adrien, Vespasien et les deux Antonin relevèrent et agrandirent les établissements militaires détruits par Civilis. Strasbourg et Saverne reçurent d'importantes fortifications, et de larges chaussées permirent aux Tribosques ainsi qu'aux Médiomatrices d'étendre leurs relations commerciales avec Rome, Lyon, Stuttgard, Trèves et Spire.

Cependant l'anarchie, inséparable d'une puissance à son déclin, commençait à miner le colosse impérial qui pesait sur le monde. Des nuées de barbares envahissaient les frontières; chaque jour des luttes sanglantes s'y renouvelaient, chaque jour quelque défection avait lieu parmi les alliés de Rome.

Dans le III.e siècle, au milieu de ce grand naufrage, Krocus, kœning de la race teutonne, pénètre en Lorraine, incendie l'antique Divodure, en passe les habitants au fil de l'épée, et promène dans tout le pays la désolation et la mort. Un siècle plus tard, Jovien traverse la Lorraine avec plusieurs légions, triomphe, sous les murs de Scarpone, d'une armée nombreuse venue des frontières de la Germanie, la repousse au-delà du Rhin, délivre l'Alsace, et se fortifie sur la Meuse; Valentinien I.er, Gratien qui eut à Trèves le poète Ausone pour maître, Constance-Chlore, Constantin, Théodose, impriment à la partie nord-est des Gaules un éclat dont Rome ne jouissait déjà plus, et d'habiles généraux retardent par des victoires remportées au pied des Vosges, ou dans les plaines de la Moselle, de la Meuse et du Rhin, l'imminente invasion qui se prépare.

Sous les Kelto-Romains, la langue grecque était en usage dans le monde savant, comme la langue latine le fut plus tard chez les Franks, les Germains et les All-Manns. A Metz, à Scarpone, à Nasium, on a trouvé plusieurs inscriptions grecques. Ausone et Sidius Apollinaris parlent de l'élégance avec laquelle on s'exprimait en latin sur les rives de la Moselle aux IV.e et V.e siècles. Il y a des exceptions à ces louanges trop flatteuses. Le barbarisme gravé sur le marbre, le néologisme consacré dans le style lapidaire, prouvent assez que nos ancêtres n'étaient pas des puristes en grammaire. Ils tenaient d'ailleurs beaucoup à leur idiôme indigène, idiôme qui avait survécu à la révolution sous l'empire de laquelle on voulut romaniser les Gaules. Il en fut des vêtements comme du langage : la haute société adopta l'habit romain ; la toge succéda au costume national ; seulement on eut soin de ne pas la fendre et de rendre les saies plus étroites, à cause de la différence de température qui existe entre nos provinces et l'Italie. La classe agricole, moins amie des innovations que la population urbaine, portait la blouse à manches qu'on lui voit encore aujourd'hui, et un bonnet pointu dont la forme rappelle les bonnets de laine des marins de la Méditerranée. Les paysannes avaient des robes assez amples, dessinant la ceinture au-dessous de la gorge. Leurs bras étaient nus. Un morceau d'étoffe, posé comme un schall sur leurs épaules, servait à les draper.

PRIEURÉ DE MORLANGE.

PREMIÈRE PROMENADE.

Morlange.

S'il vous arrivait un jour d'explorer le val de Metz, je vous conseillerais de faire une promenade le long des côtes qui bordent la Moselle, depuis Preny jusqu'à Guentrange, vis-à-vis Thionville. La voix des ruines viendrait se joindre à l'expression naïve des souvenirs populaires, des légendes mystérieuses, pour vous initier aux vicissitudes de ce pays accidenté. A côté d'un diable fin et rusé, mais toujours dupe de ses propres piéges, se rangeraient d'immenses cohortes de houris, de sorcières et de sauterets ; vous saisiriez quelques traces des mythes scandinaves mêlés aux croyances phéniciennes, druidiques et romaines ; vous trouveriez à chaque pas l'ombre menaçante des templiers, la robe flottante de dames blanches apparaissant au sein des nuits ; vous entendriez des cliquetis d'armes, et le villageois qui n'est point philosophe, chose très-rare à notre époque, le villageois qui voit du merveilleux ailleurs que dans la grande épopée de l'empire, vous parlerait encore, mais à voix basse, des aventures extraordinaires que ses ancêtres ont eues avec les génies infernaux. Résignez-vous à paraître plus bête que lui, et surtout très-confiant et très-crédule, car il ne dirait rien, et l'histoire locale perdrait les trésors de son érudition. Cette espèce d'hommes s'en va. Monuments animés d'un âge déjà vieux, ils suivent la destinée des monuments matériels, et vous invitent à recueillir les croyances traditionnelles qui vont incessamment descendre avec eux dans la tombe.

Nous étions mus par ces idées, MM. d'Huart, Migette et moi, lorsque, la semaine dernière, nous partîmes pour Morlange, petit village situé dans l'une des étroites vallées qui se succèdent le long des côtes de la Moselle. Le village en lui-même n'offre rien de curieux : ce sont quelques maisons diversement assises sur la pente fleurie d'une colline plantée d'arbres fruitiers, maisons substituées à d'anciennes constructions rurales incendiées il y a deux siècles par les Suédois, et autour desquelles gisent, çà et là, des ruines cachées sous de frais gazons. Les villageois n'ont pas encore oublié cette terrible catastrophe écrite en traits de sang sur les cadavres de leurs pères ; mais ils la dénaturent comme un rêve confus auquel on ajoute quelques-unes des circonstances de la veille. Selon eux, l'incendie a tout dévoré en deux heures ; le roi de Suède en personne l'a commandé ; les *houris* ont toutes perdu la vie ; mais on avait pu sauver une jeune fille vers laquelle arrivait chaque année un illustre messager, dans un carrosse attelé de six chevaux. Quelle était cette fille ? d'où venait le messager ? Messieurs, je vous le dirai, quand j'aurai appris à mentir.

Quoi qu'il en soit, l'église de Morlange fut épargnée, moins par des sentiments de piété ou de respect pour les arts, que parce qu'elle n'aura point fait résistance aux troupes envahissantes. On la voit aujourd'hui, modeste et timide, cacher derrière les branches touffues d'un noyer centenaire sa tête anglo-saxonne, comme une femme dont le caractère et la pensée se dérobent aux regards indiscrets, grâce à l'officieuse magie de l'éventail.

Cette chapelle remarquable, disposée en croix romaine, spacieuse, bien aérée, est construite en petit appareil, d'une manière solide et dans un excellent style. Elle représente l'époque transitoire du plein-cintre à l'ogive, sans offrir le caractère d'indécision propre aux ouvrages du même genre. Son clocher à quatre faces, peu élevé, a beaucoup d'analogie avec celui de Blénod-lès-Pont-à-Mousson ; il est divisé, dans le pourtour de sa hauteur, par trois corniches, et présente à sa base, sur deux faces, deux fausses fenêtres cintrées au-dessus desquelles s'ouvrent les lucarnes. Ces lucarnes ont une physionomie anglo-normande bien tranchée. Elles se composent d'une double ouverture étroite, allongée, séparée dans le milieu par une colonne à chapiteau massif, avec cintre couronnant l'ensemble. La lucarne qui regarde le jardin au midi est sculptée, tandis que celle de l'autre côté ne l'est pas. Elle présente, en outre, deux colonnes latérales sur lesquelles s'appuie l'arc cintré qui surmonte l'ouverture.

La face méridionale de la branche droite de la croix romaine présente une croisée en œil-de-bœuf et une corniche à angle obtus représentant deux serpents à double tête qui suivent le rebord de la toiture. Entre ces deux serpents, à la pointe du triangle, s'élevait une croix épatée semblable à celle des templiers : c'était le symbole du Christ triomphant de l'esprit des ténèbres. La face opposée n'a pas de corniche sculptée.

Le pentagone formé par le chœur offre à peu près la même saillie que chacune des branches de la croix romaine. Chacun de ses angles est soutenu par un contrefort à trois étages, surmonté d'une corniche très-mince, de laquelle partent les cintres surbaissés des croisées. Ces cintres sont couronnés d'un feston ou plate-bande en fleurs marguerite, qui règne en dessous du toit. De chaque côté du chœur descend, comme une draperie, un revêtement en pierre, coupé de manière à loger dans les trois angles qu'on y a ménagés, à gauche, un petit moine accroupi, une levrette et une tête; à droite, un autre moine assis, une tête de loup et deux têtes d'animaux. A partir de ces deux draperies extérieures, au-dessus du point d'intersection des arcades dont les croisées sont couronnées, on aperçoit quelques sculptures, telles que l'agneau pascal, un ange tenant une crosse à la main, une tête entre deux feuilles, etc. Dans le sens du rond-point du chœur, les branches latérales de la croix ont une ouverture de croisée figurée à l'extérieur d'une manière différente pour chaque côté : à gauche, c'est une embrasure presque ogivale, entourée de boules saillantes, surmontée d'un plein-cintre à boudin qui repose sur les chapiteaux sculptés de deux colonnettes assez élevées; à droite, l'embrasure est moins élevée, les colonnettes latérales sont plus massives et plus courtes. La face opposée à cette seconde embrasure présente le cintre d'une ancienne porte aujourd'hui murée, et qui devait servir jadis de communication entre la chapelle et les bâtiments du prieuré. Le cintre de cette porte, sculpté largement en coquille, offre un dessin gracieux que je n'ai presque jamais rencontré dans les monuments de cette époque.

La nef, d'une construction moins solide et plus négligée que celle du chœur et de l'avant-chœur, est faite en pierres de toutes pièces. Elle s'écrase et se penche, malgré deux énormes contreforts qui la soutiennent. Je ne lui crois pas de fondations solides, et je lui assigne une date postérieure à celle des parties qui viennent d'être décrites. Cette nef, ouverte sur le jardin par une petite porte latérale construite au XVII.[e] siècle, s'éclaire du même côté, par deux fenêtres en ogive qui ont la forme de lucarnes. Elle est surmontée d'un grenier, et se trouve accolée à une maison transversale qui a peut-être moins encore de solidité qu'elle. Ce n'est pas la partie brillante de l'édifice. Je n'hésiterais pas à en sacrifier les deux tiers.

Le portail de ce monument fut sans doute démoli lorsque les frères Barbier, venus à Morlange en 1688, restaurèrent la nef, et bâtirent la petite maison qui lui est transversale. On lit au-dessus de la porte de la maison :

Soli Deo honor, laus et gloria. 1689.

et au-dessus de la fenêtre, cette phrase qui est le complément naturel de la première :

Ex hoc nunc et usquè in sæcula.

La maison a une porte de communication avec la nef. Cette dernière, qu'on devrait considérer comme le vestibule de l'avant-chœur, comme une allée conduisant à l'oratoire, est basse, faite en cintres surbaissés, séparée en deux voûtes similaires par une ogive peu prononcée, dont les anneaux partent de deux piliers à trois colonnettes saillantes. L'arc cintré qui sépare la nef de l'avant-chœur est supporté par deux colonnes à piédestal quadrangulaire, surmontées d'un lourd chapiteau sculpté en feuilles déployées. Ces colonnes font saillie des deux tiers de leur épaisseur.

Le chœur, de forme pentagonale, a de l'élévation, de la majesté, de l'ensemble et de l'harmonie sous le rapport des ornements sculptés. Sa voûte semble déjà vouloir prendre l'essor vers l'ogive, mais elle est retenue, dirait-on, par les derniers scrupules du plein cintre.

Chaque côté du pentagone est éclairé par une croisée en verres blancs, longue et ouverte comme les croisées du XVII.e siècle, mais encadrée par une double colonnette et deux arêtes intermédiaires. Chacune de ces colonnettes présente, au point de départ du cintre qui couronne la croisée, un chapiteau sculpté. Le fût de la colonnette contiguë à l'ouverture de la croisée descend plus bas que la croisée elle-même, tandis que le point de départ de l'autre colonnette a lieu de plus haut. Cette dernière appuie sa base sur les chapiteaux des colonnes intermédiaires aux croisées, et servant de supports aux arceaux. Les chapiteaux des colonnettes précitées sont contigus l'un à l'autre, et sculptés délicatement en feuilles de vigne, de chêne, de laitue, etc. Le cintre qui se trouve dans le renfoncement de chaque croisée n'offre qu'un simple boudin entre deux gouttières assez profondes, tandis que le cintre enveloppant présente un boudin bien en relief et sculpté, celui du centre en feuilles de marguerite, et les quatre autres en coquilles et en vertèbres, d'une manière qui s'harmonise.

Les colonnes liées aux contreforts extérieurs, et servant intérieurement de supports aux cintres du chœur, partent toutes d'un piédestal quadrangulaire surmonté d'une double rondelle, présentent une sorte d'anneau à leurs deux tiers supérieurs, et se terminent, au tiers inférieur des croisées, par un large chapiteau sculpté soit en épis de maïs, soit en feuilles de laitue ou de nénuphar. C'est de chacun de ces chapiteaux que s'élèvent les deux colonnettes dont nous avons parlé ci dessus. Entre leur contiguité jumelle partent les arceaux de la voûte, qui, taillés en boudin, font chacun une saillie entre deux gouttières, comme les arceaux du XIV.[e] et du XV.[e] siècle. Chacun des arceaux se termine à la clef de voûte, qui est décorée d'une couronne de chêne. Un cintre du même style, presque ogival, tant il est élevé, part des deux colonnes antérieures, et sert d'ornement plus que de soutien au chœur; car ce dernier a pour support intermédiaire, entre lui et l'avant-chœur, un cintre massif soutenu par des pilastres carrés avec chapiteaux à gorge. Une niche assez profonde pratiquée à droite du chœur pour recevoir les burettes, est de forme trilobée, à gorge rentrante et à filets. Le maître-autel n'a rien d'antique. Ses statuettes ne datent pas d'une époque antérieure au

Pl. 2

Dessiné d'après M. Aug. Migette. Lith. de Verronnais, à Metz.

PRIEURÉ DE MORLANGE.

Vue prise de l'intérieur.

XVIIe siècle. Il a été consacré par M. de Coislin, évêque de Metz.

L'avant-chœur, un peu moins élevé que le chœur, se partage en trois voûtes à peu près semblables l'une à l'autre, savoir : une voûte médiane et deux voûtes latérales formant les branches de la croix romaine. La voûte médiane est supportée par des pilastres quadrangulaires surmontés d'arceaux similaires pour ses quatre ouvertures, et de deux arceaux en boudin très-prononcés qui se croisent à angles droits. Au-dessus de l'ouverture intermédiaire au chœur et à l'avant-chœur, se trouve un arc cintré, du même style que celui que nous avons décrit en parlant de la porte extérieure d'une des branches de la croix latine.

Les deux branches intérieures de cette croix, moins élevées que l'avant-chœur, mais ayant chacune les mêmes dimensions, sont éclairées par deux œils-de-bœuf encadrés intérieurement et extérieurement par un double cordon de billettes cylindriques, disposées sur deux plans, et séparées par une arête étroite coupée en biseau. Indépendamment de ces œils-de-bœuf, chacune des branches de la croix latine était éclairée jadis par une fenêtre en plein cintre, pratiquée dans le mur qui sert de retable aux autels. L'autel placé à gauche présente un petit retable en bois de chêne indigne de l'édifice ; l'autel qui est à droite possède, au contraire, un retable en pierre formé d'une niche centrale servant de *sacellum*, et, de chaque côté, de deux colonnes à fût très-court, à piédestal élevé, à chapiteau massif surmonté de l'arcade surbaissée qui sert de couronnement à l'œuvre. Cet autel se trouve parfaitement en harmonie avec le reste de l'édifice et date de la même époque. Il en est de même d'un saint Brice sculpté en bois, assis et adossé au *sacellum*. Les deux statuettes naïves placées de chaque côté sont d'une époque bien postérieure, quoique appartenant encore au moyen-âge.

La seule inscription qui existe à l'intérieur de l'église se trouve gravée sur une dalle au milieu de l'avant-chœur. Elle est historique :

Ci-git frere Thomas Barbier, hermite du tiers-
ordre de Saint-François de Langrès, lequel étant
venu icy en 1688 avec frere Simon Barbier son frere
aussy hermite, et mis ensemble ce lieu dans
l'etat auquel il se trouve maintenant, mourut
le 13 avril 1711, age de 58 ans.
Frere Simon deceda le 16 aout 1739, age
de 76 ans, et git leur corps ici.
Priez Dieu pour leurs ames.
R. Q. I. P.

DIMENSIONS DE LA CHAPELLE,

PRISES A L'INTÉRIEUR.

Chœur.

Longueur.......................... 16 pieds.
Largeur.......................... 16
Hauteur.......................... 20 p. 2 p.

Avant-chœur.

Longueur.......................... 14 p. 6 p.
Largeur.......................... 37
Hauteur.......................... 18 p. 3 p.

Nef.

Longueur.......................... 26
Largeur 14
Hauteur.......................... 16

Ainsi l'ensemble de la chapelle présente 56 pieds 6 pouces de longueur en œuvre.

On voit enclavés dans les murs du prieuré de Morlange des rondes bosses et quelques bas-reliefs qui appartenaient à la chapelle ainsi qu'à la porte d'entrée du jardin. Cette porte, placée en face de l'ouverture de la vallée, est un composé de renaissance dégénérée et de style allemand. Elle a deux ouvertures, une grande et une petite, formées par trois pilastres semblables. Au-dessus de la petite porte se trouvent sculptées les armes d'un abbé de Gorze, Charles de Réménécourt, qui paraît en avoir fait les frais en 1610. La corniche de ce portail était surmontée d'un saint Nicolas au centre, et, de chaque côté, d'un saint Roch et d'un saint Sébastien. L'existence de ces deux saints, patrons-nés de tous les malades atteints d'affection contagieuse, me porte à croire que la construction du portail a pour cause des actions de grâces adressées au ciel, peut-être même un vœu particulier, lorsque ce fléau qui ravagea si cruellement la Lorraine, depuis 1588, eût cessé.

Cinq fois l'année, aux jours ordinaires et accoutumés, le curé de Fameck était obligé de célébrer le service divin dans la chapelle de Morlange, *pour raison de la rétribution qu'il percevait d'un char de foin dans le Breuil qui appartenait à l'abbaye de Gorze au lieu d'Ebange* (bail emphythéotique du 27 mars 1746). Ces jours ordinaires étaient la Saint-Roch, la Saint-Sébastien, la Saint-Nicolas d'hiver, la Saint-Nicolas d'été, et le troisième jour des Rogations. A la Saint-Nicolas d'été, il y avait même foire et pélerinage *de moult grande devotion et reverence.*

Je vous ai dit, messieurs, à peu près tout ce que je sais du prieuré de Morlange. Ma notice est le fruit d'une étude rapide, faite en deux heures, pendant que M. Emmanuel d'Huart, historien et protecteur de la chapelle, interrogeait les souvenirs des habitants, et que M. Migette retraçait, avec sa profonde intelligence de l'art, l'esprit architectural du monument. Si je ne vous ai pas révélé la date précise de sa construction, c'est pour vous la laisser deviner. Elle remonte au commencement du XII.e, peut-être même à la fin du XI.e siècle, époque féconde en fondations religieuses, mais dont les œuvres ont presque toutes disparu. Aussi doit-on regarder sa conservation comme une chose essentielle à l'histoire, comme une source d'indications positives pour ceux qui désirent connaître la marche de l'architecture parmi nous.

MOYENS DE RESTAURATION PROPOSÉS.

Il faudrait commencer par refaire la toiture qui prend charge, et qui permet à l'eau de s'infiltrer jusqu'aux fondations; il serait bien d'établir ensuite plusieurs croisées à charnière, afin de pouvoir ventiler l'intérieur et y laisser pénétrer les rayons du soleil. Dès que les murs seront bien ressuyés, on les grattera, pour enlever les mousses, les lichens et les couches de badigeonnage qui les recouvrent; puis, à l'aide des couleurs symboliques, telles que le bleu, le rouge, le jaune, etc., on tâchera d'imiter l'effet que cherchaient à produire les artistes du haut moyen-âge. Chacun se récrie de nos jours sur l'abus malencontreux des couleurs dans les édifices, et chacun a raison. Mais il faut se rappeler, dans les restaurations monumentales, qu'il fut un âge où les couleurs étaient employées sur les murs comme sur les vitraux : les grandes métropoles italiennes en font foi. Dans nos contrées même, à chaque instant, les couleurs symboliques se retrouvent derrière plusieurs couches de badigeonnage; mais ce sont des couleurs fines, ménagées avec intelligence, et qui ne font qu'ajouter un caractère de plus au monument.

Quant aux autels, je les ferais très-simples, dans le style

roman tertiaire; je placerais sur des piédestaux, contre les murailles, tous les saints de la chapelle qui n'ont point son âge, et je surmonterais les autels de figures conformes à ces autels eux-mêmes. Peut-être ferait-on bien de raser la maison et moitié de la nef, d'en vendre les matériaux, et de construire une porte en face du chœur. Bien entendu que tous les morceaux de sculpture épars çà et là seront soigneusement recueillis et employés, et qu'on utilisera autant que possible, en fait de rondes bosses et de bas-reliefs, ce que le temps a respecté.

Je ne pense pas que ces réparations, faites avec intelligence, puissent dépasser la somme de 2,500 à 3,000 fr., parce qu'on a les matériaux sur place, et qu'on se trouve dans l'obligation d'être très-simple, pour demeurer conforme au style général du monument.

LÉGENDE.

PLANCHE N.° 1.

Vue de la chapelle du prieuré de Morlange, prise du côté du nord.

PLANCHE N.° 2.

Vue prise de l'intérieur.

N.° 1. Chœur.
— 2. Avant-chœur.
— 3. Côté gauche de la croix latine.
— 4. Partie de la nef.

PLANCHE N.° 3.

— 1, 2, 3, 4. Chapiteaux du chœur.
— 5. Chapiteaux de l'avant-chœur.
— 6. Ornement d'une des colonnettes intérieures des croisées du chœur.
— 7. Corniche extérieure.
— 8. Ornements extérieurs.
— 9. Croisée du clocher, prise du côté du nord.

2[^1]. 3.

Dessiné d'après les Croquis de Mr Aug. Migette.

Lithoᵉ. Ch. Nouvian à Metz.

CHÂTEAU de MENSBERG.

SECONDE PROMENADE.

Mensberg.

Lorsque, après avoir couché dans la petite ville de Sierck, vous gravissez, par une belle matinée, l'escarpement rocailleux de la côte de Kirsch, vos regards peuvent jouir, à mesure que le sol s'élève, de l'un des paysages les plus riches et les plus variés du département. Arrêtez-vous au sommet de la montagne, et voyez comme l'horizon déploie son majestueux rideau. A gauche, on dirait qu'il s'abaisse pour couvrir Thionville de ses grandes ombres; à droite, il se confond avec la Moselle; devant vous, il laisse à découvert le Stromberg aux druidiques souvenirs. Vous embrassez, d'un même coup d'œil, quantité d'habitations répandues comme des bosquets fleuris dans un vaste jardin anglais, et vous découvrez à la fois les terres de Belgique, de Prusse et de France. Mais à peine le ban de Rustroff est-il franchi, à peine avez-vous quitté les derniers jardins de la ville ducale, qu'une nature aride et sauvage se présente : vous laissez à droite le joli village de Kirsch dont la physionomie respire l'aisance, vous suivez à gauche un immense ravin qui semble avoir été creusé par la nature pour servir de limite à deux puissances rivales, et vous arrivez, par des sentiers escarpés, au fond d'une vallée profonde où quelques maisons mal assises constituent le village de Mondeven. Des eaux vives, une végétation vigoureuse, vous invitent à goûter quelque repos avant d'escalader de nouvelles hauteurs ; mais vous avez aperçu la taille colossale du château de *Mensberg*, et le cœur vous brûle d'y arriver. Cependant, trois quarts de lieue vous en séparent encore. Suivez les vignes, ne hâtez pas trop votre marche, et j'aurai le temps de vous conter l'histoire de cet ancien manoir féodal.

Mensberg (1), appelé aussi *Mansberg*, *Mainsberg*, *Mansbourg*, *Mansburg*, *Mainsburg*, *Monberg*, *Monsberg*, cache dans la nuit des siècles l'origine de sa fondation. M. Renault, de Vaucouleurs, auteur d'un mémoire sur cette localité (2), fait dériver son nom de *Mambourg*, *Mains-*

---

(1) La plupart des faits contenus dans cet article sont inédits, et proviennent des archives de Coblentz, de Trèves, de Metz, et du château de Burgesch, que M. le marquis de Villers, son propriétaire, a bien voulu nous communiquer.

(2) Ce mémoire, digne d'intérêt, avait été adressé l'année dernière à l'administration de *l'Austrasie*. On devait l'imprimer, car il réunissait à des études consciencieuses et profondes le charme de style qui les fait valoir. Mais l'article que nous publions aujourd'hui étant plus complet, force a été d'opter en sa faveur. En cette circonstance, au reste, nous en appelons, pour nous justifier, à la conscience et à la modestie de M. Renault lui-même, que nous serons toujours jaloux de conserver parmi nos collaborateurs.

bourg, qui, en langue romane, signifie *lutteur*, *défenseur*, et du mot teuton *burg*, forteresse, lieu fermé de murailles, parce que, dit-il, Mensberg formait avec les châteaux de Siersberg, de Monteclair, etc., une ligne fortifiée qui servait à la défense des propriétés ducales. Mais on ne peut, en saine critique, attribuer au même nom une origine prise dans deux langues différentes, car jamais un peuple n'a parlé plus d'une langue. Je serais plutôt de son avis, lorsqu'il fait dériver *Mensberg* de *mann*, homme, soldat, guerrier, et de *burg*, habitation. Enfin, je ne puis croire, avec M. Teissier, que *Mensberg* vienne du latin *mansio*, lieu de gîte pour les troupes en marche, car on ne trouve pas sur cette côte un assez grand nombre de débris antiques, et je ne sache pas qu'on en ait découvert à Mensberg même.

Il me semble beaucoup plus rationnel de donner à *Mensberg* ou *Mansberg*, à *Monderen*, *Montenach*, une origine commune dérivée des croyances mythologiques de ces contrées. Le soleil, la lune surtout, y étaient adorés. On attribue encore à cette dernière une influence remarquable sur la végétation, les maladies, la naissance, la mort. Son culte est effacé, mais le souvenir en demeure vivant et traductible par l'histoire. *Mensberg*, *Monsberg*, sera donc pour moi, jusqu'à nouveau baptême, *la montagne de la lune*, comme *Montenach*, le lieu consacré jadis aux pieuses cérémonies de la nuit lunaire.

Dans le haut moyen-âge, époque au-delà de laquelle il n'est guère possible de rien dire d'exact sur *Mensberg*, cette localité paraît avoir appartenu aux archevêques de Trèves, dont elle formait l'une des limites territoriales. D'anciennes forêts l'entouraient de toutes parts, et rien ne prouve qu'on eût construit un château avant le onzième siècle, car jusqu'alors la haute Lorraine n'avait point fait de tentative sérieuse pour se rendre indépendante du pouvoir archiépiscopal. Il n'en fut pas de même lorsque les comtes de Metz eurent placé Gérald, l'un des leurs, sur le trône de Lorraine. Ce vaillant capitaine, profitant du démembrement universel qui s'opérait au sein des grands états, assura par des conquêtes les intérêts futurs de sa dynastie, et planta l'étendard lorrain jusqu'au ruisseau de Monderen. Sans doute qu'en cette occasion les archevêques de Trèves auront tâché d'assurer l'inviolabilité de leurs frontières en construisant des forts, au nombre desquels figura celui de Mensberg. Quoi qu'il en soit, dès l'année 1093, on voit la maison de Sierck, dans la personne du comte Reimbold, posséder le Mensberg à titre de seigneurie; en 1157, c'est Arnold de Sierck; en 1207, Arnold II, chevaliers intrépides qui guerroyaient à tout venant, et semblaient les arbitres-nés des nombreuses querelles qui se vidaient dans la Lorraine allemande. Le 11 septembre 1439, Jacques de Sierck était en son château de Mensberg, lorsqu'il fut salué du titre pompeux d'archevêque-électeur de Trèves. Il y revint cinq années plus tard pour en consacrer la chapelle, œuvre admirable de hardiesse et d'élégance.

En 1530, la maison de Sierck, aux destinées de laquelle Mensberg paraît avoir été toujours uni, n'ayant plus de descendance masculine, la forteresse devint la propriété d'Elisa de Sierck qui la transporta dans le domaine des sires de Seyne, par son alliance avec le comte Gérard. En 1600, Dorothée-Catherine de Seyne ayant épousé Charles-Louis, comte de Sultz, lui porta pour dot le château de Mensberg avec ses dépendances.

La guerre de trente ans, si fatale à la Lorraine allemande, le fut principalement au domaine dont nous parlons. Il fut dévasté plusieurs fois, et son propriétaire, obéré de dettes énormes, se trouva dans la triste obligation d'en faire la vente aux enchères. Dieudonné de Bettainville en devint l'acquéreur. Après lui, Mensberg fut acheté par le sieur Barbarat de Mazirot, qui le vendit, en 1778, à Joseph, baron de Blockhausen, lequel mourut en 1781, laissant cette seigneurie à des neveux, MM. de Geisen et de Blockhausen, et à une nièce, madame la marquise de Villers. Cette dame apporta de la sorte en dot à son mari une partie du château de Mensberg, dont les revenus étaient alors considérables. Mais la révolution causa un préjudice immense à cette propriété féodale. En 1807, les cohéritiers s'étant décidés à la vendre, Pierre Breidt, qui en était fermier, acquit le château ainsi que la ferme.

Mensberg avait un grand nombre de droits féodaux. Son seigneur pouvait, en temps de guerre, requérir pour sa défense douze hommes d'armes du commandant de Sierck, indépendamment des sujets attachés à ses terres, qui devenaient alors soldats du comte. L'hôtel du Lion-d'Or de Sierck, inféodé à l'un des citoyens de cette ville par le seigneur de Mensberg, était tenu de le recevoir gratuitement, lui et les gens de sa suite, et de servir un nombre de mets désignés dans le contrat. Enfin, il y avait sur la Sarre un fief tenu par MM. Moritz, lequel se trouvait sujet à hommage envers le seigneur de Mensberg.

Telle a été l'histoire d'un château que sa position formidable a dû rendre témoin de bien des évènements, dont le souvenir confus s'est effacé avec tant d'autres faits du même genre. L'oubli semble avoir enveloppé ses anciens propriétaires eux-mêmes, du moment qu'un hôte illustre eut planté sur les tourelles du château le léopard de la Tamise. Depuis un siècle, le nom de Marlborough se confond avec celui de Mensberg. L'hôte d'une semaine a prévalu sur quinze générations seigneuriales; son image, grandie par le temps et les traditions villageoises, apparaît encore dans les contes de la veillée comme une page vivante où se peignent en traits de sang les catastrophes d'une époque. Marlborough, c'est la conquête, l'invasion avec ses horreurs; Marlborough, ce sont les Anglais au cœur de la France; c'est la ruine, l'incendie, la perte imminente d'une nationalité; c'est l'idée de cette influence accablante exercée par un génie fatal que rien n'arrête, que la terreur devance, et que la mort accompagne.

Personne n'eût osé compter sur les ravins de Mensberg, ni sur les bataillons envoyés à la rencontre de lord Churchill; mais le Fabius français était là, et quelques lueurs de confiance tempéraient la crainte dont les populations mosellanes étaient saisies. *Mon cher cousin*, lui avait dit Louis XIV, lorsqu'il vint rendre compte de sa mission en Languedoc, *vos services passés me donnent de grandes espérances de ceux que vous pouvez me rendre à l'avenir; et les affaires du royaume en iraient beaucoup mieux, si j'avais plusieurs Villars à employer; mais n'en ayant qu'un, je ne puis l'envoyer qu'aux endroits les plus nécessaires; c'est pourquoi je vous avais envoyé en Languedoc; vous y avez remis la tranquillité parmi mes sujets, il faut à présent les aller défendre contre mes ennemis. Vous irez commander l'armée que j'aurai sur la Moselle, la campagne prochaine; disposez-vous à partir bientôt pour vous y rendre......*

Effectivement, dans un conseil d'état tenu à la mi-janvier 1705, Louis XIV, après avoir décoré Villars de la croix et du collier de ses ordres, le nomma commandant en chef de l'armée de la Moselle. Le maréchal de Marcin, chargé en même temps de diriger l'armée du Rhin, promit de s'entendre avec Villars, et de subordonner ses opérations aux siennes, condition indispensable pour résister efficacement aux troupes coalisées.

L'armée de la Moselle se composait de soixante-quinze bataillons et de cent dix escadrons, auxquels devaient s'unir, selon l'urgence, des détachements des armées de Flandre et d'Allemagne.

Le 1.er février, Villars quitte Paris, arrive à Metz le 3, visite les places fortes de la Moselle, de la Meuse, de la Sarre et du Luxembourg, inspecte les troupes, pourvoit à tous les moyens de défense, approvisionne Metz, Thionville, Longwy, Sierck, Sarrelouis, met sur pied les compagnies bourgeoises, se renforce d'une partie des troupes que l'électeur de Bavière commandait en Flandre, et fait en sorte de pouvoir mettre en campagne, dans moins de vingt-quatre heures, une armée de trente-six mille hommes.

De son côté, le comte de Noyelles, qui s'attendait à voir les troupes françaises envahir le Palatinat ou le pays de Trèves, coupait les avenues, interceptait les routes par des abattis de bois, et travaillait à fortifier les environs de Trèves ainsi que l'embouchure de la Sarre.

A Metz, à Thionville, on redoublait d'activité. Chaque jour, d'immenses convois d'armes et de munitions descendaient la Moselle, se dirigeant sur Luxembourg, Sierck et Sarrelouis; et Villars qui avait eu l'idée d'emporter Trèves d'un coup de main, allait visiter par lui-même, déguisé en paysan, les positions que tenaient les troupes confédérées.

Quand il se fut bien convaincu de l'impossibilité de prendre l'offensive avec avantage, en face d'une armée double de la sienne, il revint à Metz, fit rentrer dans les arsenaux le matériel de l'armée, et partit ensuite pour Paris afin de prendre les ordres du roi avant d'ouvrir la campagne.

De retour à Metz au mois de mars, le maréchal y organisa un corps d'élite composé de mille grenadiers et de trente escadrons tirés des places voisines. Il joignit à ces troupes quelques pièces de canon, et marcha sur la Sarre, qu'il traversa le 21 avril, à quatre lieues au-dessous de Sarrelouis, près du château Saint-Jean. Son dessein était d'enlever Hombourg; mais le gouverneur de cette forteresse repoussa la sommation du général français, qui traversa la Bliese sur un pont de bois défendu par une redoute qu'il fallut forcer. Le comte de Druys eut moins de bonheur en essayant de passer la rivière de l'Horne pour atteindre la garnison d'Hornbach. L'inondation l'arrêta, comme elle empêcha le général Streist d'inquiéter Butler dans son mouvement de retraite vers Deux-Ponts. Le chevalier du Rozel l'y suivit néanmoins avec un gros de cavalerie, et en amena cent cinquante prisonniers, ainsi qu'une grande quantité de bagages.

Le nom seul de Villars valait une armée. Son approche ébranlait le courage des impériaux, et toutes les garnisons des petites places se repliaient sur Mayence et Landau. En les chargeant avec vigueur, on eût gagné les rives du Rhin et la basse Moselle, opéré une jonction avec le maréchal de Marcin, et pris l'attitude qui convenait à l'honneur de la France; mais on manquait d'une bonne cavalerie, ainsi que de fourrage pour l'alimenter. Les chemins d'ailleurs étaient devenus impraticables. Villars se retira donc de nouveau sur la Sarre après quelques démonstrations hostiles contre la ville d'Hornbach qui fut brûlée, et contre celle de Hombourg, dont l'artillerie française n'ébranla point les remparts. Il perdit une centaine d'hommes, fit à peu près le même nombre de prisonniers, et envoya ses troupes en quartier d'hiver.

Le comte de Noyelles, heureux d'avoir sauvé les troupes danoises et celles de Hesse qui se trouvaient presque cernées à Saint-Wendel, n'inquiéta point le maréchal dans son mouvement de retraite, en sorte que ce fut une promenade réciproque faite à main armée.

Jusque-là Mensberg, protégé par les douze hommes

d'élite que lui avait envoyés le gouverneur de Sierck, et par quarante villageois bien armés, n'a fait autre chose que de planter le drapeau blanc sur ses tourelles, d'abaisser sa herse, de lever son pont-levis à la chute du jour, et de donner asile aux chefs d'avant-garde qui battaient le pays. On y dormait paisible, quand un soir la voix plaintive d'une femme se fit entendre. La galanterie, la compassion n'étant pas toujours les vertus des sentinelles, vous ne serez point étonné si les plaintes se renouvelèrent fréquemment avant qu'on prît la peine d'y répondre. Au bout d'une heure cependant, le sergent du poste ayant fait sa ronde, fut frappé des mêmes plaintes, et voulut voir quel en pouvait être l'objet. On baissa le pont-levis, deux soldats se munirent de flambeaux, quatre autres prirent leurs armes, et le sergent qui les conduisait s'avança jusqu'au ravin. Quelle ne fut pas sa surprise, d'y trouver une jeune religieuse qui semblait accablée de souffrances et de fatigue. « A mon secours, messieurs, leur dit-elle, pour Dieu, pour le salut de votre âme; daignez me recueillir, cette nuit seulement, dans l'un des réduits du château. Je suis sœur Claire du couvent de Trèves. Ces mécréants d'Anglais nous ont toutes chassées comme bouches inutiles, et je revenais dans mon village par des chemins détournés, quand la nuit m'a surprise. — Si vous dites vrai, répond le sergent, et bouche d'église, Dieu me damne! ne doit jamais mentir, je vous recevrai volontiers jusqu'à demain. Mais au jour il faut déguerpir, car nul étranger n'est admis séant: on fermerait le huis au roi lui-même. » — La religieuse dont la figure était charmante, le maintien modeste, la voix insinuante et douce, n'eut point de peine d'imposer aux gardiens du château le respect commandé par son habit. Le chapelain lui céda sa chambre, et le lendemain, quand la messe fut dite, deux gardes la conduisirent à cheval dans la ville de Sierck. Après un long interrogatoire que le prévôt lui fit subir, elle reçut un sauf-conduit pour Thionville ; mais on apprit qu'au lieu de s'y rendre, elle avait pris le chemin de Luxembourg. Cette circonstance inspira naturellement quelques inquiétudes sur le caractère de la religieuse ; mais d'autres évènements la firent bientôt oublier.

Le prince de Bade (1), tombé malade à Rastadt, se trouvant dans l'impossibilité d'ouvrir la campagne comme il en avait le projet, Marlborough vint le trouver pour s'entendre avec lui. Ce général visita ensuite les lignes de Bihel, et partit le 23 mai pour se rendre sur la Moselle, où l'attendaient avec impatience des troupes désireuses de marcher sous ses ordres. Le 26, un nombreux état-major, ayant à sa tête le comte de Noyelles, sortit de Trèves, et reçut au bruit du canon, au son des cloches de toutes les églises, le général étranger. Marlborough descendit chez le comte. Le lendemain, il parcourut les rives de la Moselle et de la Sarre, au-dessus de Wasser-Bilich, fit battre le pays par des éclaireurs, et annonça le 28, dans un ordre du jour motivé, que la campagne allait s'ouvrir. Les Anglais arrivèrent le même jour aux environs de Trèves ; le 30, on sonda les gués de la Sarre entre Kontz et Sarrebourg (4 lieues en deçà de la ville de Trèves) ; le général Cochron et M. de Rocques, premier directeur des approches et des fortifications des états-généraux, arrivèrent au camp de Marlborough ; et le 31, à quatre heures du matin, dix mille hommes sortis de la ville épiscopale, ainsi que des

---

(1) Louis-Guillaume, prince de Bade, était le filleul de Louis XIV. Il avait alors 50 ans. Voyez, pour son histoire, J.-D. Schœpflin. *Historia zaringo-badensis*. Carolsruhæ, 1763. 6 vol. in-4.°, belle impression.

campagnes environnantes, vinrent camper sur les hauteurs de Consarbrück et de Grevenmacheren, embrassant de la sorte l'embouchure de la Sarre et celle de la Moselle. Le comte de Noyelles commandait cette avant-garde, pendant que Marlborough inspectait à Trèves les corps nouvellement arrivés, formait une réserve, et disposait les choses avec l'activité bouillante qui le caractérisait.

Villars, non moins zélé, sachant d'ailleurs qu'il avait à soutenir son nom, ses titres et sa gloire; qu'il s'agissait du salut de la monarchie, des destinées futures de l'Europe entière, Villars semblait grandir avec le danger. Jamais peut-être deux rivaux ne s'étaient mesurés avec plus d'envie; jamais deux hommes arrivés au faîte de la réputation militaire n'avaient envisagé avec une sollicitude plus inquiète, une impatience plus marquée, la solution d'une question d'état où chacun, princes, soldats, citoyens, était personnellement intéressé; d'un drame sanglant joué par les premières têtes du monde sur une scène immense où la postérité venait se poser comme témoin.

Villars n'ayant que cinquante-cinq mille hommes, parmi lesquels figurait la maison du roi, cherchait à concentrer ses forces, mais aussi à les rendre toutes disponibles. Il pensait que la nature du sol devait lui venir en aide, et qu'il s'agissait moins de vaincre avec éclat que de se maintenir sous le canon des places frontières de la Lorraine allemande. A cet effet, il ruina les environs de Luxembourg, de Sarrelouis, de Sierck, et toutes les terres qui le séparaient des ennemis, afin d'ôter à ces derniers les moyens de subsister; il assembla ses troupes entre Thionville, Sierck et Bouzonville, parcourut ensuite les rives de la Nied jusqu'à la Sarre, établit des magasins de vivres, et forma deux camps: l'un près de Kœnigsmacheren, qu'il commanda en personne; l'autre à six lieues de Thionville, entre Bouzonville et Freistroff, aux ordres du général Streiff. « Ce dernier camp, établi sur le Kunsberg, doit être à jamais célèbre, dit M. Teissier, dans l'histoire de la castramétation. Il donne la plus haute idée du coup d'œil stratégique d'un guerrier qui, jusque-là, s'était plutôt signalé par sa valeur téméraire dans les combats. Un fait digne d'être cité, c'est que Villars, convaincu de la force naturelle de son camp, ne voulut pas le couvrir par des retranchements ; et le motif qu'il en donne n'est pas moins remarquable : *les retranchements*, dit-il, *inquiètent les Français*. Aussi, ne trouve-t-on, sur l'étendue occupée par l'armée française, nulle trace de lignes continues, mais seulement quelques redoutes aux extrémités pour y placer des postes avancés (1). » Tels sont les ouvrages qu'on observe encore à Fruching, au-dessus de Montenach, jusqu'au bois où le ravin s'adoucit. Le camp occupait les hauteurs de la Moselle, vis-à-vis Rethel, celles de Montenach, le coteau d'Altenberg, la ferme de Kunsberg, les villages de Fruching et de Kerling, jusqu'au ruisseau de Kœnigsmacheren (la Canner).

Villars ne pouvait être attaqué de front. Il s'était posté de manière à soutenir en même temps Luxembourg, Thionville et Sarrelouis, places importantes, séparées l'une de l'autre par un pays accidenté, difficile, sans communications. Un pont de bateaux qu'il avait jeté sur la Moselle, à Malling, lui permettait de se porter rapidement sur la première de ces deux villes ; une large tranchée pratiquée au midi dans la forêt de Kalenhoven, entre Sierck et Sarrelouis, le mettait en rapport direct avec la Sarre et la Nied, où cantonnait une partie de sa cavalerie, tandis que d'immenses abattis pratiqués au nord le séparaient des

(1) *Histoire de Thionville*, p. 163.

Anglo-Bataves ; des routes tracées par le génie militaire rayonnaient de Hombourg à Sierck, à Bouzonville, ainsi qu'à Siersberg et Burgesch, châteaux qu'il avait fortifiés, et qui se trouvant au flanc droit de l'ennemi, permettaient au maréchal d'être incessamment instruit de sa marche et de ses tentatives. Onze bataillons, trois cents hommes détachés de l'armée, un escadron de dragons, et quatre compagnies franches, défendaient Sarrelouis, dont M. de Choisy était gouverneur.

L'électeur de Bavière et le maréchal de Marcin, qui avaient ordre d'affaiblir leur armée à proportion des secours que pourrait recevoir Marlborough, envoyaient de temps en temps à Villars de nouveaux renforts. A la fin de mai et dans les premiers jours de juin, il vit arriver sept mille hommes des rives du Rhin, trois mille de la Flandre, ainsi que deux régiments d'infanterie, un régiment de cavalerie et un autre de dragons tirés de Luxembourg : ce qui n'empêchait pas l'armée ennemie d'être encore bien supérieure à la sienne.

Marlborough voulait assiéger Sarrelouis et Thionville, s'unir aux troupes lorraines, établir son quartier d'hiver entre Metz, Nancy, Bar et Verdun, et marcher ensuite sur la Champagne ; mais Villars qui l'avait deviné, s'était mis en mesure de lui disputer les passages.

Le 2 juin, l'armée anglaise, campée sur la montagne d'Apollon, près Trèves, en descendit pour se joindre à la garnison de cette ville, où Marlborough ne laissa qu'un régiment wallon avec quinze hommes tirés de chaque bataillon d'infanterie. Le 3, à une heure du matin, ce général s'avança en silence, sans battre le tambour ni sonner la trompette, jusqu'au village de Consarbrück, où l'attendait l'avant-garde. L'armée tout entière traversa la Sarre ; le soir du même jour, elle campa à deux lieues de Sierck, et Marlborough arriva vers six heures avec sa cavalerie sur les hauteurs d'Apach et de Mensberg. Villars, de son côté, suivi de cinq cents cavaliers, fit une reconnaissance sur Apach, où ses dragons mirent pied à terre dans les haies, tandis qu'il tournait le village de Rustroff de manière que le ravin fût entre les deux armées. Les Français demeurèrent dans cette position jusqu'à neuf heures et demie du soir, et la cavalerie ennemie resta rangée en bataille sabre à la main, tant que Villars n'eut pas fait sonner la retraite. Pendant ces manœuvres d'avant-garde, l'armée française changeait de situation, en marchant sur deux colonnes échelonnées de manière à former un vaste fer à cheval sur les hauteurs ; l'aile gauche à Rethel où fut le quartier-général ; l'infanterie depuis la montagne de Kunsberg jusqu'à Montenach, Fruching, etc. ; la cavalerie, les dragons, les équipages, vers la Petite-Hettange, où se trouvaient en abondance des sources d'eau vive. Tous les gros bagages furent envoyés en même temps sous les remparts de Thionville, et chacun eut ordre de courir à son poste au premier coup de canon. Le même jour, plus de deux cents déserteurs ennemis étant arrivés à Sarrelouis, furent aussitôt transférés à Metz.

Le 4 juin, Marlborough ayant reçu de nouveaux renforts d'Allemagne et de Flandre, se vit à la tête d'une armée de plus de cent mille hommes. Les bagages, l'artillerie, les matériaux de campement, les pionniers, arrivèrent le même jour, et l'on traça une ligne d'occupation depuis le village de Perle jusqu'au château de Mensberg, qui, sommé la veille de se rendre, parlementa vingt-quatre heures, et fut emporté de vive force. Ses défenseurs, mis à la garde du camp, allaient être pendus pour l'exemple, car Marlborough avait déclaré ne vouloir faire aucun quartier aux garnisons prises les armes à la main, lorsqu'un jeune cavalier apporta leur lettre de grâce. Ce cavalier, neveu de Marlborough et fils de lord Churchill qui commandait le centre de l'armée, courut au sergent qui le reconnut pour la religieuse trouvée dans le ravin de Mensberg. *Vous m'avez sauvé la vie, sergent,* dit-il, *je vous rends la vôtre, nous sommes quittes.* Les défenseurs de Mensberg, au nombre de soixante-sept, furent envoyés immédiatement à Villars, qui retourna, par échange de procédé, le même nombre de prisonniers.

Tous les villages, toutes les fermes entre la Moselle et la Sarre, sur la ligne d'occupation de l'armée anglo-batave, étaient remplis par les états-majors. Le comte de Noyelles avait le sien à Perle; milord Churchill occupait le village de Merschweiller, Marlborough celui de Bragh.

Le 5 juin, une revue générale eut lieu. L'armée demeura douze heures sous les armes, et un repas splendide fut donné par Marlborough, dans le château de Mensberg, à tous les principaux chefs de son armée. Il employa les jours suivants à des reconnaissances sur la Moselle et la Sarre, à de grandes manœuvres, et principalement à tâcher de tirer Villars d'une immobilité fatale aux grands projets des confédérés. Mais le maréchal français, attentif à modérer l'impétuosité de ses soldats, ne permettait pas même ces escarmouches d'avant-garde qui servent de délassement aux chefs d'armée. Il craignait qu'une affaire de cette nature ne le mît en danger de déployer des forces considérables, et de sortir des limites qu'il s'était tracées. Tout ce qu'il fit pendant une quinzaine fut de fortifier les abords de la Nied, de protéger la droite de son infanterie par un corps de dragons, et d'échelonner la brigade de Picardie depuis Monteloch jusqu'aux forêts dont les abords se trouvaient défendus par de nombreux abattis. « Il éleva quelques retranchements devant la brigade de Coetquin, et les discontinua bientôt, ne voulant y faire travailler qu'autant que l'ennemi se présenterait avec toutes ses forces, afin de ne pas ralentir l'ardeur de ses troupes. »

De part et d'autre on ouvrait de larges tranchées, on sondait les gués, on disposait de nombreuses sentinelles. Chaque jour Marlborough recevait de nouveaux renforts qu'il mettait sur les derrières; chaque matin il parcourait à cheval son front de bataille, envoyait des reconnaissances, dirigeait sur la Moselle et la Nied des hommes qui rentraient le soir au camp, allumait des feux dans plusieurs directions différentes, faisait jeter des ponts sur la Sarre et la Moselle pour inquiéter Villars et l'engager à combattre ou à changer ses dispositions. Enfin, les confédérés las d'attendre, voyant d'ailleurs que leurs forces diminuaient par la désertion et les maladies, résolurent de prendre un parti définitif. On s'assembla trois jours de suite en conseil de guerre. Marlborough insistait pour attaquer Villars, traverser la Moselle devant Perle, enlever Sierck, bombarder Thionville et marcher sur Metz; les impériaux, au contraire, étaient d'avis qu'on gagnât les rives de la Nied pour faire le siège de Sarrelouis; les Allemands et les Hollandais jugeaient la retraite préférable à toute espèce de tentative, d'autant plus que les fourrages devenaient rares, et que la force morale du soldat commençait à baisser. Dans une telle lutte d'opinions contraires, la majorité devait faire la loi. Le 15, Marlborough, au soleil levant, passa une revue générale de son armée : il la trouva déjà diminuée de cinq mille hommes. Ce fut avec un front soucieux, des traits altérés, une colère non déguisée, qu'il parcourut, pour la dernière fois, ces lignes formidables contre lesquelles devait se briser, dans sa pensée, la puissance de Louis XIV; ce fut avec un retour pénible sur lui-même, qu'il se sentit obligé de céder au génie de Villars un terrain conquis par tant de sacrifices et tant d'efforts. Le soir, les officiers-généraux s'assemblèrent à Mensberg. Marlborough ne leur dissimula ni son mécontentement pour le peu d'accord qui régnait entre eux, ni ses préventions contre la tiédeur de l'Allemagne et de la Hollande, qu'il regardait comme traîtres à la coalition; il se plaignit avec beaucoup de hauteur du prince de Bade, qui ne tenant rien de ce qu'il avait promis, compromettait, disait-il, le succès d'une campagne dont les chances ne pouvaient être douteuses (1).

Marlborough ne se coucha point : l'idée d'une retraite faisait bondir son cœur de rage et de jalousie. Croyant devoir se disculper aux yeux de Villars, il lui écrivit que le prince de Bade était cause de tout; qu'il devait lui amener les troupes à la solde de la Hollande, et qu'il n'en avait rien fait; qu'au lieu de le seconder dans la conquête des Trois-Évêchés, comme ils en étaient convenus, Louis-Guillaume avait employé mille moyens pour y mettre obstacle. *Rendez-moi la justice de croire*, dit-il en propres termes, *que ma retraite est la faute du prince, et que je vous estime encore plus que je ne suis fâché contre lui* (2).

Le 16 juin, après douze jours de campement sur les hauteurs de Sierck, les bagages et l'artillerie de l'armée ennemie reprirent la route de Trèves, et le même jour, à minuit, Marlborough fit défiler son armée avec un tel silence que Villars n'en fut pas informé avant sept heures du matin, un brouillard épais ayant empêché de découvrir le camp plus tôt. Villars, avec quatorze escadrons et les grenadiers, suivit l'ennemi sans pouvoir l'atteindre. Dans la crainte qu'il ne fît une pointe sur le Luxembourg, il y envoya un fort

(1) Hénault. *Abrégé chronologique de l'Histoire de France.*

(2) Voltaire. *Siècle de Louis XIV.—Mémoires du duc de Villars*, t. II, p. 236-237.

détachement de grenadiers et de dragons ; mais on apprit le soir que l'avant-garde avait traversé la Moselle et la Sarre à Consarbrück, et que toute l'armée reprenait les positions qu'elle occupait autour de Trèves à la fin de mai.

Le 19, l'infanterie ennemie, avec un corps de cavalerie sous les ordres du général Churchill, continua son mouvement de retraite sur le Rhin ; le 20, Marlborough quitta Trèves avec le reste de la cavalerie, après avoir laissé sur la Moselle sept mille palatins et les troupes westphaliennes. Comme cette arrière-garde n'était point chargée de tenir contre Villars, elle brûla les magasins de fourrages de Sarrebourg et de Trèves, rompit les ponts, pilla les arsenaux, les habitants, et battit en retraite à la fin du mois.

Le 23, Villars, revenu sur ses pas, décampait de Rethel, en y laissant dix mille hommes aux ordres du comte de Druys, pour garder les deux ponts jetés sur la Moselle ; il se portait le lendemain sur Bouzonville avec vingt mille hommes, arrivait sous les murs de Sarrelouis, et jetait deux ponts sur la Sarre ; le 25, il tirait de la garnison de cette place huit bataillons, deux régiments de cavalerie, deux régiments de dragons, pour les envoyer à Sarrebruck sous les ordres du comte Dubourg, tandis que la gendarmerie, le régiment du roi, deux régiments d'infanterie, conduits par les généraux Surville, La Chastre et Roucy, marchaient sur la Flandre, en traversant le Luxembourg. Villars envoya un courrier au maréchal de Marcin pour l'informer de ses dispositions, lui annoncer la retraite de Marlborough, et le prévenir qu'il le joindrait incessamment lui-même avec le reste de ses troupes.

Le 27, Villars quittait Sarrelouis ; le 30, il était à Trèves, et le 4 juillet, il opérait sa jonction avec l'armée du Rhin, ce qui formait en tout soixante bataillons et cent escadrons (environ soixante mille hommes), commandés par dix-huit lieutenants-généraux et quinze maréchaux-de-camp.

Quelques troupes étant demeurées échelonnées sur la Moselle, Sierck, Mensberg, etc., reçurent de nouveau garnison française.

Ces mouvements imprévus causèrent dans les Trois-Évêchés l'allégresse la plus vive. Les villes fortes, fermées depuis un mois, ouvrirent leurs barrières; les campagnes, veuves de leurs habitants qui avaient fui dans les bois, se repeuplèrent; les églises et les couvents de Metz, Thionville, Sarrelouis, Longwy, Bitche, Sierck, Rodemack, Verdun, convertis en hôpitaux, en magasins de vivres et de fourrages, reprirent leur destination religieuse. Un Te Deum fut chanté dans la cathédrale de Metz, et partout la joie publique se manifesta par des fêtes.

Depuis lors, trois invasions ennemies ont menacé le château de Mensberg. La première, en 1792, n'osa point franchir la basse Moselle; mais, en 1814 et 1815, cet ancien domaine féodal ouvrit ses portes à plusieurs maîtres différents. Son propriétaire actuel, appelé par les paysans le seigneur Breidt, est, quant aux habitudes, au costume, aux mœurs traditionnelles, un type remarquable des villageois allemands du dernier siècle : il semble debout au milieu des ruines, avec son habit bleu à larges basques, ses guêtres blanches boutonnées au-dessus du genou, sa veste rouge et son énorme chapeau, pour instruire la génération présente des faits antérieurs à notre âge. Malheureusement, ce seigneur est peu communicatif et surtout peu crédule. Ainsi, ne lui parlez ni du diable, ni des templiers, comme architectes du château; il repousserait ces mauvais bruits avec énergie, car il tient singulièrement à ce que rien de fabuleux ou d'infernal ne se mêle à l'histoire de son domaine.

Lors donc que vous aurez parcouru l'intérieur du château; mesuré ses murailles de onze pieds d'épaisseur; visité ses quatre tours, appelées en 1642 la *Kentour*, la *Kallfelden-Tour*, la *Keptour*, la *Tour de la Lanterne* (1); donné quelques regrets à la chapelle située jadis au rez-de-chaussée de cette dernière, et rasée impitoyablement par M. Breidt; lorsque, après avoir franchi les trois étages de celle dont l'abord n'est point impossible, vous aurez étudié la disposition formidable des galeries couvertes, sous l'une desquelles on voit encore l'entrée d'un souterrain qui communiquait avec Monderen; lorsque, assis au centre de la cour d'honneur où cinquante cavaliers bardés pouvaient manœuvrer à l'aise, vous aurez admiré la gracieuse élégance de la tour crénelée contre laquelle s'appuie la porte d'entrée, veuve de sa herse et de son pont-levis, vous vous inclinerez avec respect devant l'*écusson d'or à la bande de gueules chargé de trois coquilles d'argent* (2) qui décore la façade du donjon, devenue simple maison de ferme, et vous chercherez ensuite dans les salles de cette habitation rustique, éclairées comme elles l'étaient jadis par des jours étroits et des croisées à trilobes, la chambre d'Arnold le templier. Les marteaux du moyen-âge et de la renaissance, en modifiant les tours, ont aussi fait subir de nombreuses altérations au donjon; mais à minuit un cri plaintif s'échappe d'un point du château où jamais efforts humains n'ont pu faire tenir ni chaux, ni ciment. C'est le lieu qu'occupait le templier maudit, quand Lucifer l'enleva pour l'éternité.

« Un jour, dit M. Emmanuel d'Huart, que je soupçonne avoir rencontré Lucifer en quelque coin du monde, tant il semble au courant de ses aventures, un jour Arnold le templier, chargé de diriger les travaux de Mensberg, ayant

---

(1) Compte des dépenses de François Boudet, régisseur de Mensberg.
(2) Armes de la maison de Sierck.

dissipé au jeu et en débauches l'or qui lui avait été confié, appela le diable à son aide. A minuit, un petit homme noir sort de terre : *Templier, tu m'as évoqué*, s'écrie l'esprit des ténèbres, *me voici, que me veux-tu?* — *Soixante ans de vie et de santé, toujours une pièce d'or dans ma bourse, puis tu feras de moi ce que tu voudras.* — *Accordé.* — Et le petit homme disparaît. De ce moment, on le sent bien, les travaux reprirent avec vigueur; le château fut rapidement édifié; on prétend même avoir vu parmi les travailleurs des êtres à formes et à figures étranges. Mensberg devint le séjour des plaisirs; ce n'étaient que fêtes, festins, tournois et carrousels. Quoiqu'on s'étonnât qu'il fût sans chapelain ni oratoire, et qu'Arnold ne parût jamais en un lieu saint, comme les autres templiers n'acquittaient pas plus exactement leurs redevances, le grand-maître traitait de calomnies les bruits répandus sur son compte. Cependant les soixante années arrivaient à leur terme, et jamais peut-être Arnold n'avait moins songé à son pacte avec le diable. La dernière nuit, étant à table avec ses joyeux convives, l'horloge sonne; ses varlets introduisent un étranger richement vêtu, qui, en entrant dans la salle du banquet, répand une légère odeur de soufre. On en fait la remarque, et un sourire moqueur contracte les lèvres du nouveau venu. Mais à peine est-il assis, que s'adressant à Arnold et à ses compagnons de débauche, il leur dit : *Mes sires, lorsque vous achetez un mouton, n'entendez-vous pas en acheter également la peau?* Étonnés d'une semblable question, les assistants hésitent de répondre. *Par Lucifer!* crie l'homme à odeur de soufre, *répondez vite, car le temps presse.* Tous alors résolvent la question affirmativement. — *Templier Arnold, ton corps m'appartient donc,* et le diable jetant ses riches vêtements, déploie des ailes de chauve-souris, et emporte sa proie à travers les airs. »

Si vous êtes curieux d'autres renseignements fantastiques, adressez-vous à M. d'Huart; sans doute il vous dira mieux et plus que je ne vous dis moi-même.

TROISIÈME PROMENADE.

Failly.

Au moment où, d'une extrémité de la France à l'autre, tous les esprits, préoccupés d'élections, calculent les chances d'avenir des 213 et des 221, modifient la chambre, le ministère, au gré de leur opinion personnelle, et font surgir presque partout des majorités factices, on voit au village de Failly une réunion de graves électeurs, esclaves d'un usage traditionnel qui remonte à plusieurs siècles, procéder sans trouble, mais non sans brigue, à la création d'une haute magistrature, la magistrature du *queulot* (1). N'est pas queulot qui veut, je vous prie de le croire; et si, pour mon compte,

(1) On désigne généralement sous le nom de *queulot*, dans le Pays-Messin, le dernier rejeton d'une famille, le dernier poulet éclos dans une couvée, etc. On appelle aussi *culot* le coin du feu. Nous ignorons l'étymologie de cette dénomination, dont nous demandons l'explication à notre savant ami Éloi Johannéau.

j'avais à choisir entre les fonctions de conseiller municipal, voire même de député, et celles de queulot, je préférerais ces dernières, car elles sont inamovibles pour une année : or, mener douze mois une existence paisible, c'est vivre douze siècles en politique. Le ciel protège à tel point le villageois *queulé*, qu'il ne lui arrive jamais de mourir tant que dure son administration. J'en appelle aux paroles sacramentelles de ce jeune homme de Failly, qui, succombant aux désordres d'une phthisie pulmonaire, reprochait à sa femme, en 1836, de l'avoir empêché d'être *queulot*. (Historique.)

Mais, avant de vous entretenir de l'importante cérémonie du *queulage*, voici quelques détails sur une localité où se passent bien d'autres choses.

Le village de Failly, situé non loin de Metz (8 kilomètres), bâti sur le penchant d'une colline au bas de laquelle coule la Moselle, présente une seule rue, dirigée de l'est au nord-ouest. Ses maisons, solidement bâties, ne sont pas toutes modernes. Quelques-unes d'entre elles remontent au XVI.e siècle. Il y a quinze ans, elles n'avaient pour ouverture qu'une petite porte très-étroite, et une fenêtre ayant douze pieds de large sur dix-huit pouces de haut, avec un barreau de fer en double croix. Ce genre de construction, qui se retrouve dans la plupart des villages du département dont la bâtisse n'a point été renouvelée, était exigé pour la défense commune, en cas d'invasion de quelque compagnie franche.

Il y avait à Failly une commanderie de l'ordre de Malte, et un château qui lui appartenait. Cette commanderie occupait toute la partie du village que les habitants appellent *en Cheu*, *en Chambre*. On dit encore : je vais au bas de Chambre, pour désigner la partie basse de la commune. Les biens des templiers étant devenus la propriété de l'ordre de Malte, Failly passa à de nouveaux maîtres, qui en conservèrent la seigneurie jusqu'au XVI.e siècle, époque où elle fut acquise par une famille protestante qui prit le nom de Failly, et par les bénédictins. Le dernier seigneur de Failly habitait Deux-Ponts. Il avait pour régisseur M. Simony, avocat. Mais sa propriété ne lui rapportant que 5 à 600 francs, il la vendit pour plus de 60,000 fr., quelques années avant la révolution. Le château qui se trouve *en Chambre* est d'une construction qui ne remonte pas au-delà du XVII.[e] siècle. Des paysans l'occupent. Il ressemble plus aujourd'hui à une chétive maison de campagne qu'à une résidence seigneuriale. L'église, restaurée différentes fois avec plus ou moins de goût, occupe, avec le presbytère, le point le plus élevé du village. Sa première construction pourrait fort bien remonter au XI.[e] siècle, ou tout au moins au XII.[e]; car on remarque, au fond du collatéral à droite, un genre d'ogive très-élargie, très-indécise, des colonnes rondes, dont les chapiteaux sont formés de feuilles plates, avec nœuds sans filets, caractères qui signalent, dans nos contrées, l'époque de passage du plein cintre classique à la romantique ogive. Les chapelles latérales, dont la forme extérieure est parfaitement conservée, se trouvaient enclavées chacune sous deux tours crénelées, garnies de meurtrières, tours aujourd'hui tronquées, moins élevées que l'église, mais qui devaient la dominer autrefois. Elles correspondaient à deux autres tours placées au bas de l'église, et sous lesquelles existait une prison. Le mur actuel du cimetière, crénelé jadis, servait d'enceinte à cette forteresse religieuse. Assiégée souvent, la dernière attaque qu'elle subit, au XVII.[e] siècle, fit écrouler les deux tiers supérieurs de la muraille qui ferme le collatéral gauche. Elle a été grossièrement rétablie. On y a pratiqué plusieurs ouvertures étroites en plein cintre, ressemblant à de longues meurtrières, et l'on appelle cela des fenêtres. Au-dessous d'elles se trouvent encore de véritables meurtrières, appartenant à l'ancienne muraille. Le chœur est d'un style ogival, que nous croyons du XV.[e] siècle. Il est éclairé par des fenêtres en lancettes, qui étaient ornées de vitraux peints. La fenêtre centrale possède encore un tableau en verres de couleur, où l'on voit la présentation de saint Trond ou Trudon par son père, à Cléodulphe, évêque de Metz, qui le soumit aux plus rudes épreuves. Saint Trond est le patron de la paroisse. Le collatéral à droite est éclairé par deux croisées; l'une géminée, fort ancienne, l'autre triminée et trilobée, d'une date postérieure; devant cette croisée, les arceaux de la voûte se sont contournés. Le bas de l'édifice, surmonté d'un clocher d'architecture nouvelle, est soutenu par d'énormes pilastres cintrés, qui contrastent péniblement avec le reste de l'église. Le clocher a subi avec le reste du monument une restauration en 1827. Aucun charnier, dans le pays, n'est aussi riche en ossements que celui de Failly. Il est impossible qu'une simple commune, presque dépourvue d'habitants, ait fourni tant de cadavres. J'ai remarqué d'ailleurs, à l'inspection des têtes, qu'elles avaient généralement le front large et haut, les bosses coronales saillantes, la mâchoire large, à condyles développés, caractères qu'on rencontre peu dans les squelettes de nos compatriotes. Cette différence, jointe aux renseignements que nous a laissés l'histoire, donnerait à penser que dans le charnier de Failly se trouveraient quelques milliers de ces hommes du Nord qui ont, au moyen-âge, ravagé si cruellement la Lorraine.

Les archives manuscrites de Lorraine, les histoires et les statistiques provinciales ne renfermant rien sur Failly, nous nous trouvons réduit à nos propres ressources. Parmi ces documents se trouve une sentence arbitrale sur parchemin, datée de 1377, rédigée sous la présidence de M. Delacour, archidiacre de Metz, par le curé, les échevins de la paroisse, le maire de Servigny, etc. Elle n'offre pas grand intérêt, car il n'y est question que du cérémonial de l'église; mais on voit qu'à cette époque reculée, Failly avait déjà des annexes, et formait un point central de communion entre les fidèles. Le célèbre Meurisse, évêque de Madaure, suffragant de Metz, y confirma huit cents personnes en 1630, et trois cents en 1635.

Au XVIII.e siècle, la paroisse de Failly, composée de cinq villages, offrait une population assez considérable (1) : l'église ne pouvant contenir tous les fidèles, on y avait construit une tribune, devenue plus tard un sujet de scandale, et la cause d'un évènement extraordinaire qui faillit avoir des résultats funestes.

M. Auburtin, homme de mérite, car il prêcha deux carêmes à Metz avec un grand succès, étant devenu curé de Failly, ne fut pas peu surpris de voir les jeunes gens, pendant les offices, assis à la tribune comme sur les bancs d'un cabaret, jouer aux cartes, boire, lancer des noyaux de fruit et même des billets doux aux filles du village. Il employa, mais en vain, tous les moyens possibles pour arrêter ce désordre; enfin, poussé à bout, il déclara ne vouloir plus dire la messe tant que la tribune existerait, et fit interdire l'église. Le conseil résista; le curé fut obligé de céder; mais le jour de Pâques de l'an 1757 (2), il annonça en chaire que la cérémonie de la Fête-Dieu n'aurait point lieu, si la veille de cette fête la tribune existait encore. Il espérait qu'une grande solennité religieuse faisant époque dans une petite localité, déterminerait, plus que toute autre considération, ses paroissiens récalcitrants à prendre une mesure d'ordre et de convenance : il se trompait. Les paroissiens s'étaient monté la tête, et cette dernière menace du curé n'avait fait que les aigrir. Cependant, M. Auburtin, appuyé des conseils de l'évêque Saint-Simon, dont le caractère violent luttait toujours, même sans espoir de succès,

(1) Ces villages étaient Villers-l'Orme, Vany, Poiche, Servigny-lès-Sainte-Barbe. Cependant Failly n'avait en 1757 et 1758 que 39 feux.

(2) M. Grasset de Failly était alors seigneur.

résolut de prendre un parti extrême : il fit venir secrètement chez lui trois charpentiers, et le mercredi, à huit heures du matin, les conduisit à l'église, dont la tribune tomba bientôt avec un fracas épouvantable. Les femmes du village, attirées vers le point d'où partait le bruit, escaladent les murailles du sanctuaire, et poussent des cris de vengeance dès qu'elles voient la tribune en éclats. Courir comme des bacchantes, traverser les champs, exciter la colère des maris qui étaient occupés de la fenaison, les ramener au village, fut l'affaire de quelques instants. Ils cernèrent l'église en poussant toutes les vociférations possibles, et tâchèrent d'y pénétrer; mais les croisées étaient à petits barreaux, et la porte présentait une grande solidité. Celle-ci ne céda qu'aux coups redoublés d'une poutre dont on se servit en guise de bélier. C'en était fait du curé, s'il n'avait pas eu le temps de gagner le clocher avec ses trois ouvriers. Le siège alors, après le jet d'une grêle de pierres, se convertit en blocus. A six heures du soir, l'église se trouvait encore cernée, lorsque le curé-archidiacre d'Argancy, prévenu de ce qui se passait, arriva dans le lieu de la scène, revêtu de l'aube et du surplis, tenant un crucifix à la main, et conjurant les rebelles de rentrer dans le devoir. Il eut beaucoup de peine à les apaiser; il fallut qu'il les prît alternativement tous à part; les femmes surtout étaient difficiles à convaincre; enfin tous promirent la paix, et les quatre assiégés descendirent du clocher. Mais à peine le curé eut-il mis le pied hors de l'église, qu'un furieux qui l'attendait se précipita sur lui et le blessa d'un coup de baïonnette. Le coup ayant porté à faux, la plaie fut peu profonde, et M. Auburtin put gagner, sans autre accident, la maison curiale. On craignait de nouveaux désordres pour la nuit. Le curé d'Argancy coucha au presbytère, et aucun autre évènement n'eut lieu.

Ce fut vers la même époque qu'arriva un long débat judiciaire, sur la redevance d'un dîner, entre le chapitre de la cathédrale et les habitants de Failly.

Ces villageois nommaient annuellement vingt et un jurés chargés de lever la dîme, dont les deux tiers appartenaient aux chanoines de Hombourg, et l'autre tiers au curé.

Après le paiement de la contribution, les chanoines et le curé devaient un dîner aux vingt et un jurés. Ils s'en acquittaient avec scrupule. Mais M. de Saint-Simon ayant réuni le chapitre de Hombourg à celui de la cathédrale de Metz, les chanoines de cette église se refusèrent à payer le dîner; le curé, de son côté, ne voulut pas en faire seul les frais. Il s'en suivit un procès entre la commune et le chapitre, procès que les habitants perdirent au bailliage et gagnèrent en appel au parlement. Toutefois, les possesseurs de la dîme eurent la facilité de payer une somme annuelle de trente francs au lieu du dîner.

La révolution fit disparaître, avec la dîme, le privilège des vingt et un jurés, mais elle ne détruisit chez les habitants ni le goût des repas, ni les usages qui peuvent perpétuer leurs plaisirs.

Lorsque les confréries de *fous* s'organisèrent en Europe, le village de Failly eut la sienne, sous le nom de *chaty*, présidée par un *maire* et quatre conseillers. Aujourd'hui encore, le jour de la Purification, à l'issue des vêpres, le *maire de chaty*, accompagné de ses conseillers, portant à la main une lance, dont le millésime est 1514, se place au bas de l'escalier du cimetière, pendant qu'un autre individu, nommé *queulot*, armé lui-même d'une perche fendue, à l'extrémité de laquelle se trouve un torchon imprégné des matières les plus dégoûtantes, attend la sortie de l'office pour barbouiller les passants, et surtout les plus belles toilettes. Tout le monde est *queulé*, même le pasteur, lorsqu'il passe imprudemment près du fatal torchon; et s'il survenait quelque opposition sérieuse, le maire et ses assesseurs maintiendraient l'usage en toute rigueur. Au besoin, tout le village prendrait fait et cause.

Cette cérémonie est continuée chaque dimanche jusqu'au mardi gras, jour auquel l'on nomme un nouveau *maire de chaty* pour l'année.

La promotion du *maire* se fait de la manière suivante. Les électeurs jettent dans un van autant de sous qu'il y a de prétendants; celui qui réunit le plus de têtes est élu. On le porte aussitôt en triomphe sur le manche de la lance, jusqu'à chez lui. Arrivé dans sa maison, il fait dresser la table, et régale les quatre anciens maires, qui deviennent ses assesseurs. Les libations commencent par une chopine de vin, et vont en augmentant jusqu'à un chaudron.

Pendant ces nombreuses rasades, nul autre que le *maire de chaty* n'a le droit de s'asseoir, sous peine de recommencer les mêmes libations à ses frais.

Le premier dimanche de carême, on procède à l'élection du *queulot* pour l'année suivante. A cet effet, dès que la nuit est fermée, on allume une bure de javelle préparée d'avance, et les trois orateurs du village viennent débiter en patois des bouts-rimés, composés sur le compte du jeune marié qui a donné le plus de prise à la critique. On appelle *item* cette sorte de versets. A la fin de chaque *item*, qui finit toujours par ces mots : *ne mérite-t-il me d'éte queulot?* l'assemblée répond en chœur: *queulot, queulot, queulot*, et les boîtes se font entendre. Le troisième *item* terminé, l'un des orateurs monte sur un tonneau et proclame le queulot à haute voix. L'assemblée y répond par des acclamations répétées.

Presque jamais on ne refuse cette dignité. S'il arrivait qu'une personne ne voulût pas l'accepter, elle s'appellerait *queulot* toute sa vie, et ses derniers descendants hériteraient du sobriquet. Il y en a des exemples.

C'est après l'institution du *queulot* que se donnent les *valentines.*

Fiançailles. A Failly et dans les communes environnantes, lorsqu'un jeune homme sollicite l'entrée d'une maison, c'est toujours après le coucher du soleil; il attend le plus tard possible pour s'informer de la jeune fille, et ne la demande guère avant minuit. Dès que le mariage est convenu, les parents se rassemblent avec les plus proches voisins de chaque côté, et toute la parenté. Le prétendu se présente seul, et le plus souvent accompagné de l'orateur du village. Après le salut d'habitude, « père un tel, dit le garçon, avez-vous une fille à marier? — Oui, répond le père, j'en ai une. Elle se nomme de telle manière; c'est une fille sage, laborieuse, modeste, etc. Suit l'éloge complet de la marchandise. Je ne la donnerai, ajoute-t-il, qu'à un garçon qui réunira les qualités suivantes, etc. — Père un tel, reprend le futur ou son interprète, je possède toutes ces qualités. » Alors les deux futurs se prennent la main, promettent de s'unir, et les jeunes villageois, groupés en dehors de la maison, font entendre une salve de mousqueterie. Cette convention est accompagnée d'un rouge-bord versé à pleine rasade, et tous les gens du village s'écrient, dès que la détonation part : *voilà la chèvre qui est liée.* On ne parle que des propriétés : un morceau de terre a plus de poids dans la balance que les plus brillantes qualités morales ou physiques. Il n'est même jamais question de ces diverses qualités; et souvent il est arrivé que des fiançailles préparées pour un jeune homme ont servi pour un autre, arrivé le jour même, avec plus d'avantages pécuniaires que son devancier.

Quand le futur est étranger au village, les garçons lui portent un bouquet chez sa fiancée; il le reçoit gracieusement, l'attache à sa boutonnière, et donne en retour aux garçons 10, 15, 20 fr. et plus, selon sa fortune. Chacun arrose le bouquet, les garçons se retirent, et la famille se met à table.

Après les fiançailles, dans les rapports journaliers, les époux futurs traitent leurs parents à venir, de père, mère, frère, etc., et jamais la femme ne sort de chez elle sans être accompagnée du futur.

C'est peu de jours après les fiançailles que se font les cadeaux de noce : la jeune fille donne à son futur une chemise ainsi qu'une cravate.

Si les conjoints sont étrangers au village, le prétendu y arrive toujours à cheval derrière la voiture de sa future.

Mariages. Le jour de la noce arrivé, les boîtes se font entendre dès la pointe du jour ; les deux époux reçoivent une *aubade*, et vers huit heures du matin, la première fille d'honneur fait seule le tour du village pour engager les conviés du côté de la future à s'apprêter ; le premier garçon en fait autant à l'égard des conviés du futur. *Epprateuve po venir au d'junon*, disent-ils, et chacun se rend vers neuf heures chez le marié, où tous les repas se font à frais communs. On ne sert au déjeûner que la soupe, le bœuf et du gâteau.

Entre dix et onze heures, le marié arrive chez la mariée pour la demander dans les formes en usage. Ce n'est pas lui qui parle, mais un orateur *ad hoc.*

Cette cérémonie terminée, on se rend à l'église, ou à la commune, si l'on n'y a pas été la veille.

La mariée est vêtue d'une robe de drap, de mérinos, ou de soie noire ; son bonnet et son mouchoir sont blancs ; elle porte à la main un pied de romarin ; les grands parents sont tous en noir.

Le premier garçon et la première fille se distinguent par un gros bouquet duquel tombe un ruban jusqu'au genou.

La mariée a une couronne sur la tête, à moins que .... dans ce dernier cas, elle se rend à l'église sans couronne. Ce n'est qu'après le *Veni creator* que le mari la lui attache. La mariée donne aussitôt le plus beau ruban de son bouquet à la première fille, qui va le consacrer à la Vierge. Il faut qu'il reste huit jours dans la main de Marie.

Après la messe, les mariés vont prier sur les fosses de leurs parents; ils commencent par celles des parents d'adoption, et passent ensuite à leurs propres parents.

Lorsque la jeune femme arrive à l'entrée de la maison du marié, elle fait quelques difficultés pour franchir le seuil; mais la mère de l'époux, ou la femme chargée de la représenter, prend sa bru par la main, et y met une pièce d'or ou d'argent. Dès lors, plus d'hésitation; elle entre, et l'on se met à table. Les légumes sont interdits du festin, lequel dépasse fort souvent les facultés pécuniaires des deux familles. Il y a dix ans, chez un particulier aisé de Failly, on comptait cent cinquante personnes aux premiers galas. La noce dura trois jours. On y consomma cent cinquante livres de bœuf, trois veaux, trois moutons, douze cochons de lait, vingt oies, trois fournées de pain, neuf fournées de tartes, vingt-quatre hottes de vin.

Après dîner, les garçons viennent demander la mariée pour la conduire à la danse. Comme elle est placée à côté de son beau-père, c'est à lui que le premier garçon s'adresse; et lorsqu'elle lui est accordée, toute la jeunesse sort de table, et l'on se rend devant l'église pour courir la jarretière.

La mariée tient la jarretière qu'elle a détachée, et la propose aux champions placés en ligne. A un signal de mousqueterie, ils partent ensemble, et le premier arrivé au but obtient les deux rubans qu'il découpe et distribue.

Le bal commence immédiatement après. On n'y admet d'abord que les gens de la noce; mais le soir, tous les étrangers sans distinction sont reçus à la danse, qu'on appelle à cause de cela le bal des *peurcheux* ou *peurchats*, c'est-à-dire des vilains habits ou des pauvres.

Le souper se fait à neuf heures.

4

Le lendemain on déjeûne, puis on se rend à la messe des trépassés. Après la messe, on danse jusqu'à deux ou trois heures de l'après-midi; on fait ensuite le repas d'adieux, quand les parents ne sont pas riches; lorsqu'ils se trouvent, au contraire, dans l'aisance, les festins et les libations se prolongent.

A la fin du dernier repas, on apporte un gâteau ayant la forme d'un enfant; on lui donne un simulacre de baptême; on nomme un parrain et une marraine qui distribuent des dragées, et l'on mange le gâteau.

Le dimanche suivant, un repas a lieu chez les parents de la mariée.

Inhumations.— Cérémonies funèbres. Quand une femme meurt en couche, on enfonce un petit piquet aux quatre angles de sa fosse, et l'on s'en sert pour former, avec du fil de coton, un encadrement quadrilatéral. Cet encadrement doit être renouvelé, s'il se détruit avant l'expiration du quarantième jour.

Dès qu'un homme est décédé, on le pose enseveli sur une table longue, la tête à la croisée, les pieds à la porte. On ne le met dans le cercueil qu'au moment de le porter en terre. Le cercueil est toujours couvert de fleurs et de rubans. Après la messe, tout le deuil se rend à la maison mortuaire, pour y *banqueter* autour de la table qui supportait le défunt. On ne fait qu'un simple déjeûner, si c'est un garçon ou une fille qui a passé de cette vie à l'autre; mais on dîne, lorsque c'est un chef de famille.

Les rôtis, symboles de joie et de prospérité, sont proscrits de ces repas funéraires. On n'y mange que des viandes bouillies et des légumes. A la fin du banquet, on allume un cierge, on dit les grâces en commun, la cloche du presbytère fait entendre ses tintements lugubres, et l'on se sépare.

Solennités annuelles. Indépendamment des usages que

nous venons de signaler, il y en a plusieurs autres qui tendent à prouver combien *li bonnes gens de Failley ont été de tous tems besoigneux de leurs plaisirs*. Tels sont la *fête du cochon gras*, à laquelle il ne doit paraître sur les tables que de la viande de boucherie et le foie du porc, connu sous le nom vulgaire de *hâteret*; la *fête des trimâzos*, celle de la *fenaison*, de la *moisson*, la *fête patronale*, etc. Dans toutes ces solennités, les hommes seuls ont le droit de faire la cuisine; et les jeunes gens, poètes naturels, composent des rondeaux en patois, qui ne sont dénués ni de sel ni d'intérêt. Ce n'est donc pas sans motif que Brondex a choisi le ban de Failly pour son horizon poétique. *Chan Heurlin, lo plagiant home, et lo p'tiat Morice*, ne pouvaient, ne devaient naître que là.

Les usages de Failly remontent tous à une haute antiquité, mais il n'en est peut-être pas de plus anciens que ceux des *trimâzos*, qu'on croit d'origine romaine, et qui peuvent bien dater d'une époque antérieure. A Rome, le 1.er mai, au point du jour, la jeunesse des deux sexes sortait en dansant, allait cueillir dans la campagne des rameaux verts, et chacun en décorait la porte des parents, des amis de la famille, d'un amant, d'une amante, etc. Des fêtes commençaient alors, et duraient plusieurs jours. Dans quelques parties de la France, la veille du 1.er mai, les jeunes gens de la campagne rendent un hommage solennel aux filles nubiles du lieu, en ornant la façade de leurs habitations de trophées d'amour, appelés *meyen* ou *mey-tahen*, du mot *meymaend*, mois de mai, mois consacré au beau sexe ainsi qu'à l'amour. En Lorraine et dans le Pays-Messin, comme aux environs de Paris et de Chartres, le 31 avril, les amants attachent à la porte et aux fenêtres de leurs belles de grands rameaux de hêtre, couverts de fleurs; et, le lendemain, les jeunes filles de presque toutes les communes, attroupées, vêtues de blanc, avec des fleurs dans les cheveux, des rubans croisés sur le corsage de leur robe, font une danse, et quittent le village pour parcourir la campagne. Quelquefois elles viennent même jusqu'à la ville, et chantent devant les portes des personnes distinguées plusieurs couplets, appelés *trimâzos*, qui commencent et finissent par ces mots :

O trimâzo!
S'at lo maye, ô mi-maye!
S'at lo joly moys de maye,
S'at lo trimâzo!

Une quête a lieu après la chanson, et chacun donne selon ses moyens. Autrefois, les jeunes filles étaient accueillies dans les maisons, où toute la famille dansait avec elles, en fredonnant la ronde d'usage. A Failly, quand les collectes sont terminées, les grandes filles donnent un repas aux garçons, lequel se termine, bien entendu, par des *trimâzos*.

Les travaux agricoles servent quelquefois de texte à ces pièces de poésie; mais, le plus souvent, elles sont satiriques; en voici un exemple :

J'a vu trabeun de freluquets
Aus'beun instrus qu' des pérouquets;
J'a vu des dèmes bien ferdayes,
Que n'attint rien qu' des mijaurayes.
O trimâzo!

Les bacelles de lè p'tiat Rau
Que feyeu ben leur resolâu;
L'atin habliai com' des popes;
I n'savèm seulement fare èn sope.
O trimâzo!

On n'wouèt dans tos les environs
Que des grigous et des guenons;
Et let veile, com' dans les v'leiges,
Les bliancs bonnats n'sont oua pus seiges.
O trimâzo!

Ces trois couplets appartiennent à trois rondes différentes, composées dans le patois du canton de Vigy.

Lorsque la quête se fait, chaque rondeau se termine de la manière suivante :

O bone fème de céans,
Fayeu don bien aux poures geus;
Bayeum' des yeux plien n'at chevan.
Si j'en évan de tran,
Je v'en rendran.
O trimâzo !

Méd'me, nos vos remercions.
S'at nom' por vos que nos chantons,
S'at por la Vierge et son affant,
Que prient por nos au firmament.
O trimâzo !
S'at lo maye, ô mi-maye !
S'at lo joly moys de maye,
S'at lo trimâzo !

Une population esclave des traditions comme l'est celle du canton de Failly, croit naturellement aux sorciers, aux revenants, aux sauterets, à tous les personnages infernaux envoyés sur terre pour tourmenter la pauvre humanité.

En 1834, il y eut, à la justice de paix de Vigy, une affaire entre deux particuliers de Failly, qu'on croirait empruntée aux annales du moyen-âge. Pierre accusait Jean d'avoir, par un sort, fait passer le lait d'une de ses vaches dans le pis d'une vache de Jean qui n'en avait point. Les débats judiciaires qui suivirent se terminèrent sans amener la conviction dans l'esprit de l'accusateur.

ÉTUDE

SUR LA NAVIGATION ET L'HISTOIRE

DE

LA MOSELLE.

Cette rivière, connue dès la plus haute antiquité, appelée tour à tour *Mosula*, *Musella*, *Mosella*, *Muzelle*, *Moselle*, est un des cours d'eau les plus remarquables de la France et de la Prusse. Elle part d'un rocher granitique, près du Ballon, au pied de la côte de Taye (département des Vosges), et prend bientôt un accroissement assez considérable pour former au-dessus de Remiremont une nappe d'eau cristalline dont le déroulement s'opère avec bruit sur un lit rocailleux. A mesure que la Moselle avance, ses eaux deviennent moins limpides; elles se troublent surtout au-dessous de Nancy, par l'adjonction de la Meurthe, et plus encore au-dessous de Metz, où la Seille décharge lentement une onde sale et bourbeuse.

La longueur du cours de la Moselle, la fertilité des

terres qu'elle arrose, la rapidité de ses flots, et la profondeur de son lit, en ont fait de tout temps une voie fluviale très-importante, dont les rives furent sillonnées par une civilisation contemporaine des premiers âges du monde. On y a trouvé d'imposants monolithes, des traditions, des dénominations locales qui semblent empruntées à ces peuplades voyageuses sorties de l'Orient pour conquérir l'univers; on a reconnu les traces d'autres nations plus modernes, venues des bords du Danube à la suite de leurs prêtres, connus sous le nom de druides; enfin, plusieurs langues, la grecque, la keltique, la germaine, semblent s'être partagé tour à tour le domaine intellectuel de la Moselle.

Il y a deux mille ans que cette rivière servait probablement déjà de limite territoriale entre les Keltes; sous les Romains, elle coupait le territoire des Leucques (*Leuci*), des Médiomatriciens (*Mediomatrices*), des Trévires (*Treviri*), et quelques lieues du pays des Ubiens (*Ubii*); plus tard, elle traversa une partie du royaume d'Austrasie, baignant en totalité le vaste archevêché de Trèves. A l'époque où le royaume de Lothaire se divisa en deux grandes sections, la haute et la basse Lorraine, notre rivière fut le point de jonction, le lien commercial habituel entre ces deux états. Enfin, quand la France et l'Allemagne, morcelées en une foule de petites principautés indépendantes, luttaient avec énergie contre le principe de dissolution sociale dont elles étaient incessamment menacées, la Moselle, chargée de barrières et de péages, obéissait à cent maîtres différents. Depuis le XVI.e siècle, elle devint définitivement *française* dans la partie supérieure de son cours; *allemande* dans sa partie inférieure, quoique, par intervalles, le droit de conquête eût restreint ou étendu ces deux grandes divisions. Sous l'empire, la Moselle baignait les départements des Vosges, de la Meurthe, de la Moselle, des Forêts, de la

Sarre, et de Rhin-et-Moselle ; aujourd'hui, elle ne traverse plus que les trois premiers de ces départements, la Belgique et la Prusse occupant le territoire des trois autres.

HISTOIRE DE LA NAVIGATION SUR LA MOSELLE.

Les Romains avaient senti tout le parti qu'on pouvait tirer de cette rivière, soit comme moyen de castramétation, soit comme moyen d'industrie.

Lorsqu'ils avaient à porter les armes contre les Trévirois, les Bataves et les Frisons, le matériel de la guerre, les munitions descendaient la Moselle, et ces peuples ne furent vaincus ou contenus qu'à la faveur des moyens de navigation qu'offraient la Moselle, la Meuse et la Sarre. On peut voir par les poèmes d'*Ausonius* et de *Venantius Fortunatus* les nombreux établissements qu'ils possédaient sur les rives de la Moselle, et la splendeur qu'elle avait acquise sous les Césars. Cette rivière reçut même les honneurs de l'apothéose : elle était représentée par les artistes romains sous la figure d'une nymphe vêtue de lin, ayant une urne penchée, dont l'eau allait se confondre avec celle du Rhin, et dont la tête était ceinte d'une branche de vigne, en raison des vignobles situés sur ses bords. A Metz, les bateliers, *nautæ mosallici*, formaient, selon toute apparence, un corps spécial, comme le prouve l'inscription suivante, trouvée, il y a trois siècles, dans les fondations de l'église de Saint-Privat-aux-Champs, banlieue de Metz. Cette inscription est ainsi conçue :

MPVBLICIO SEC
DANO NAVTARV
MOSALLICÔR LIBEI
TABVLARIO LIIII LVI
\ AVGVSTALI /

Marco Publicio Secundano, *nautarum mosallicorum liberto tabulario*, *Seviro Augustali.* — A Marcus Publicius Secundanus ou Secondain, affranchi, receveur des nautonniers ou bateliers de la Moselle, Sévir Augustale.

Il est à remarquer que le mot *Secundanus* se retrouve sur le monument d'Igel. Peut-être ces pierres votives concernent-elles des membres de la même famille.

Une inscription à peu près semblable à celle que nous venons de citer, consacre le souvenir des bateliers de Paris, d'Evreux et de Sens. Ces trois villes commerçaient sur la Seine comme les Messins sur la Moselle; mais à partir de quel point notre rivière était-elle alors navigable? quel genre de transport permettait-elle.....? C'est ce qu'on ne saurait préciser.

Le moyen-âge ne nous a légué presque aucun renseignement sur la navigation de la Moselle. Il paraît cependant qu'à cette époque on savait en tirer quelque avantage. Du temps des rois d'Austrasie, la bonne société aimait à descendre cette rivière, on y faisait des joûtes, des parties de plaisir, des voyages même de long cours. Tel fut celui qu'entreprit au VIe siècle le poète *Venantius Fortunatus.* On a tout lieu de croire que les fréquents voyages de Karl-Magne dans nos contrées se faisaient ordinairement par eau, surtout lorsque du palais de Remiremont il descendait à celui de Thionville. Au mois de février 1356, l'empereur Charles de Bohême étant à Metz, sortit par la porte du Pont-des-Morts, *et en alla au long de la rivière*, *et entra en une grande neif*, *hors de Mets*, *sur la rivière de Muzelle*, *près de la Grainge*, *qu'on dit la Cornue-Gelline* (pointe de l'île Chambière), *et en alla de là aval l'yawe*, *jusques à Thionville*, *car il ne se volloit aventurer par terre.* En 1380, les Messins enlevèrent au sire de Rodemack des trains de bateaux qu'il possédait sur la Moselle. En 1407, un parti nombreux de gens hostiles à la cité de Metz arrivèrent en bateaux jusqu'au pied de ses murailles, avec l'intention de les escalader. Presque toutes ces nacelles appartenaient *à un Messin, Hennequinet, qui se disoit grant faiseur de neifs, maître ouvrier.* (Chronique de Philippe Gérard.) En 1483, le gouverneur de Luxembourg, en guerre avec la république messine, fit saisir les bateaux que les citains de Metz avaient sur la Moselle. Cinq années plus tard, ils reprochèrent aux gens *à la livrée de l'archevêque de Trèves* d'avoir arrêté leurs bateaux *sur la franche rivière de Muzelle* (1). Le 15 juin 1492, *se partirent de Mets pour aller à Triesve à une journée qui estoit assignée par monss.r l'archevesque et par les SS.rs de Strasbourg LX personnes, et s'en allèrent par la rivière en deux grant neifs.* (Chronique citée.) Cette embarcation fut rendue à Trèves au bout de 48 heures : circonstance qu'il importe de noter ; car, en 1517, dans le même mois, *par deffault d'yaw une neif ne fut point allée en VIII jours de Mets à Triesve, tellement estoient les rivières courtes.* Ainsi, jadis comme aujourd'hui, les conditions de navigation variaient singulièrement.

La chronique en vers du doyen de Saint-Thiébault assure qu'en l'année 1507, les Vosgiens firent descendre les premiers trains de planches, dont ils ont tiré depuis de si grands avantages:

L'an après (1507) comme rivière avale,
Des Vôgiens les premières valles
De planches passèrent parmi Metz,
Où jamais on n'avait passé.

Mais c'est une erreur de Jean Chatelain; car on voit dans

---

(1) *Histoire des Sciences, des Lettres, des Arts et de la Civilisation dans le Pays-Messin, depuis les Gaulois jusqu'à nos jours;* par É.-A. Bégin. Metz, Verronnais, 1829, in-8.o Voir p. 300, 339, 340.

les archives de la ville d'Epinal, qu'en 1470, le flottage amenait au port de cette cité vosgienne les planches fournies par les sapinières de la vallée de Remiremont. Le flottage fut actif dans tout le cours du XVI.[e] siècle et dans les trente-cinq premières années du XVII.[e]; mais il diminua progressivement depuis lors, au point qu'il était presque nul en 1700. Les malheurs du pays ayant détourné l'attention d'un objet aussi important, la Moselle s'encombra, et rendit indispensables les travaux prescrits par une lettre de cachet de Léopold, en date du 11 février 1713 (1).

---

(1) *Lettre de cachet pour faire des chemins des deux côtés de la Moselle, et la rendre navigable autant qu'il est possible.*

« A nos amis et féaux les prévôts de nos villes et prévôtés de Nancy, « Rosières, Charmes et Châtel, salut. Ayant été informé qu'il est de l'in- « térêt public de rendre navigable autant qu'il sera possible le cours de « la rivière de Moselle, et que nos sujets en tireront un grand avantage, « tant pour le transport des bois et autres provisions dont ils ont besoin, « qu'autrement, nous vous mandons et ordonnons de faire tenir et préparer « incessamment deux chemins de 12 pieds, l'un en largeur, mesure de Lor- « raine, sur chaque bord de ladite rivière de Moselle, depuis notre dite « ville de Châtel jusques au village de Méraiville, dépendant de notre dite « prévôté de Nancy; à l'effet de quoi vous commanderez, chacun dans « l'étendue de votre juridiction, les maires, habitants et communautés « des villages voisins de ladite rivière, pour faire tirer les arbres tombés « en icelle et qui peuvent empêcher la navigation, écarter les bois et ra- « pailles, et remplir les trous et fosses qui se rencontreront sur leurs bancs « et finages dans la distance et largeur desdits deux chemins, que vous « ferez ensuite entretenir par les mêmes communautés, etc. Donné en « notre ville de Lunéville, le 11 février 1713. »

Ce document est précieux, en ce qu'il démontre qu'au commencement du XVIII.[e] siècle, le cours de la Moselle était obstrué, depuis Châtel jusqu'à Méraiville, par des troncs d'arbres tombés et entraînés par les eaux; que des travaux devenaient indispensables pour rétablir la navigation; qu'il n'existait aucun chemin de halage sur les rives, et qu'aux mesures prescrites, Léopold n'attachait pas l'espoir d'un plein succès, puisqu'il ne prétendait rendre la rivière navigable qu'autant *qu'il serait possible.*

Voici dans quels termes parlait Turgot (1) à la fin du XVII.e siècle : « La Moselle n'est pas presque navigable qu'au-dessous de Metz; elle ne l'est point de Toul à Metz, à cause des digues qui traversent et retiennent l'eau pour les moulins, à quoi on pourrait remédier. Elle est navigable de Nancy, par la Meurthe, jusqu'à Metz; mais elle est traversée dans la ville de Metz, et ses eaux sont retenues par une digue de près de six pieds de haut, pour conserver quelques chutes pour usines et moulins de la ville, en sorte que cette digue empêche les bateaux de passer, et oblige à décharger les denrées et marchandises pour les faire descendre, ce qui en rend le passage très-difficile. On pourrait remédier à cet inconvénient; mais, au-dessous de Metz, tout le cours de la rivière, à commencer par Thionville, Cattenom et Sierck qui sont au roi, est tellement chargé de péages, que le prix de la marchandise est plus que double quand elle arrive dans le Rhin. Il y en a quatre ou cinq du pays de Luxembourg perçus sans règle, plusieurs à l'électeur de Trèves et à d'autres seigneurs; ce qui rend le secours que l'on devrait tirer de ces rivières presque inutile, et fait qu'elles ne servent presque point à l'issue des marchandises, ni au secours de ces pays-ci, si ce n'est quand elles deviennent extrêmement chères, comme nous avons éprouvé pour les bleds que les juifs font venir par eau de Francfort-sur-le-Mein jusqu'à Metz, parce que alors la cherté de la denrée paie le prix de l'achat et des péages; sans quoi

(1) Turgot (Jacques-Étienne, et non Michel-Étienne, comme le marque la *Biographie universelle*), chevalier, seigneur de Sausmons et Brucourt, maître des requêtes ordinaire, intendant de la généralité de Metz, duché de Luxembourg, comté de Chiny, frontières de Champagne, exerça cet emploi depuis 1696 jusqu'en 1700. Il ne peut être né le 9 juin 1690, ainsi qu'on le voit dans l'ouvrage de Michaud. C'est une erreur à rectifier

nulle issue ordinaire, et les marchandises dépérissent dans le pays (1). »

Au commencement du XVIII.e siècle, la navigation de la basse Moselle eut une grande activité. En 1700, les maréchaux de Tallard et de Villars ayant organisé sur les rives de cette rivière les corps destinés à agir dans les Pays-Bas, on la vit charrier pendant plusieurs mois des troupes et des munitions de toute nature. L'année suivante, de nombreux trains de bateaux remplis de madriers, de canons, de projectiles, de fourrages, de vivres, etc., partirent de Metz, tantôt pour Coblentz, tantôt pour Pont-à-Mousson. Le but principal de ces envois était, d'une part, d'alimenter le siége de Trarbach et celui de Landau; d'autre part, de pourvoir à l'entretien d'un corps de troupe considérable qui travaillait aux fortifications de Nancy. C'était par centaines de bateaux que se faisaient les expéditions.

En 1705 et 1706, les manœuvres de Villars sur la Moselle, les ponts qu'il fut obligé d'y jeter, la marche des troupes du marquis de Conflans, cantonnées sur nos rives, les préparatifs militaires que le maréchal de Marsin faisait à Metz et à Thionville, rendirent la navigation mosellane d'un immense avantage (2).

Dans le milieu du XVIII.e siècle, le flottage reprit quelque

---

(1) *Mémoires historiques de la Lorraine et des Trois-Évêchés.* In-folio, manuscrit de 468 p. Cet ouvrage peu connu, et dont il existe cependant plusieurs copies, renferme des détails curieux sur l'industrie messine au XVII.e siècle. Il paraît avoir été écrit par ordre de Louis XIV. Turgot, comme l'indique la fin du manuscrit que nous avons sous les yeux, l'a terminé le 30 juillet 1699. Il est bien étonnant que M. Durozoir, auteur de l'article *Turgot*, dans la *Biographie universelle*, n'ait pas dit un mot de cet ouvrage.

(2) Ouvrage précité, p. 502, 503.

activité, surtout depuis Pont-à-Mousson jusqu'à Coblentz. On vit descendre de la montagne les chênes et les sapins des Vosges. Voiturés jusqu'au-dessous d'Épinal, ils arrivaient à Metz par eau. La Hollande les achetait, et ils devenaient presque aussitôt l'objet d'une réexportation en France, comme bois sortis des forêts du Nord (1). Les mâts de vaisseaux s'arrêtaient à Toul; transportés ensuite par charrois jusqu'à Bar-le-Duc, ils descendaient l'Ornain, suivaient la Marne, passaient dans la Seine et arrivaient au Hâvre.

Le sel des salines de Rosières descendait aussi la Moselle depuis Frouard jusqu'à Metz (2).

Depuis long-temps, le flottage par trains ou radeaux n'a plus lieu sur la Moselle vosgienne. En 1831, époque où l'on tenta de nouveaux essais de ce genre, il fallait remonter à quarante ans pour trouver un exemple de flottage à bûches perdues. Hors du temps des crues moyennes, le flottage ne sera possible qu'après l'exécution de travaux considérables, car aujourd'hui la rivière ne se prête à aucune navigation par les basses eaux, et quand les eaux s'élèvent, rien ne peut empêcher les flottes d'être entraînées, et de compromettre, par un choc subit, la solidité des ponts élevés sur la Moselle. Aussi, la commission d'enquête réunie

---

(1) *Voyage pittoresque et navigation exécutée sur une partie du Rhône réputée non navigable*, etc., par T.-C.-C. Boissel. Paris, Dupont, an III de la république, in-4.° de 156 p. Voir p. 3. — D'après Turgot (*Mémoires historiques*), la Sarre était la voie fluviale que les Hollandais employaient de préférence, parce qu'elle se trouvait soumise à moins de péages. Ils convertissaient eux-mêmes, dans les Vosges, les sapins en mâts de vaisseaux.

(2) Voir Piganiol, *Description de la France*, t. VIII, p. 289; Bruzun de la Martinière, *Dictionnaire géographique, historique et critique*. Dijon, 1741. 6 vol. in-folio, t. IV, article *Moselle*.

à Épinal en 1830, sur la demande expresse présentée le 25 mai par l'ingénieur en chef du département, a-t-elle décidé avec raison que la Moselle vosgienne n'est pas plus navigable que flottable. Espérons qu'une rivière qui traverse le département des Vosges sur une étendue de près de vingt lieues sera mise insensiblement dans des conditions plus favorables au commerce, et que la déclaration sage du conseil de préfecture vosgien, en date du 9 avril 1831, déclaration qui fixe les droits des riverains sur un cours d'eau non flottable, deviendra une raison de plus pour que l'État réunisse à son domaine foncier un cours d'eau dont il n'aura la propriété qu'après s'être occupé de sa canalisation. Mais il ne suffira point de creuser, de rétrécir le lit de la Moselle, il faudra remédier à l'épuisement des forêts qui couvraient jadis la vallée de Remiremont, et défendre le défrichement des montagnes riveraines; car les forêts sont les réservoirs des eaux. « Parcourez nos montagnes, m'écrivait le 23 mars 1837, M. Maud'heux, qui s'est occupé avec tant de zèle du régime de la Moselle, là où il existe des forêts, toutes les petites vallées, tous les replis sont de vrais marécages d'où il sort une source ou un ruisseau. Les ruines des arbres arrêtent les eaux des pluies; les cimes des arbres les protègent contre les ardeurs du soleil; elles ont le temps de s'infiltrer dans le sol, et de retourner, par des canaux souterrains, aux sources ainsi qu'aux fontaines; la rivière ou le ruisseau que celles-ci alimentent, n'éprouve pas des crues subites ou extraordinaires; mais aussi il ne tarit plus; sa hauteur d'eau devient moins variable. Parcourez, au contraire, une vallée bordée de montagnes nues, et voyez comme les eaux des pluies s'en écoulent, lorsqu'elles tombent avec abondance; elles s'échappent en torrents qui entraînent les terres, dégarnissent les socs, grondent quelques jours et disparaissent. La rivière de la vallée croît subitement; elle s'élève à une hauteur prodigieuse, puis elle retombe, se dessèche, et se réduit à un filet d'eau. Or, telle est, dans une certaine proportion, la marche de la Moselle. »

PROJETS DE CANALISATION.

Le voisinage des sources de la Moselle et de la Saône, l'existence entre Xertigny et Raon-aux-Bois d'un étang considérable qui communique avec ces deux rivières au moyen des ruisseaux de la Niche et du Coné, avaient fait naître à Lucius Vetus, lieutenant de Domitius Néron dans les Gaules (an 56 de J.-C.), l'idée de joindre les rivières précitées par un canal, qui eût établi de la sorte une liaison directe entre l'Océan et la Méditerranée; mais l'ouvrage commencé ne fut point achevé. On n'en retrouve même plus aucune trace. La politique ombrageuse de Néron craignit qu'un canal qui ouvrirait une communication facile du nord au midi, n'établît dans les Gaules une centralisation commerciale et militaire, et que Vetus n'eût plus tard l'idée d'en profiter pour lever l'étendard de l'indépendance. Cette considération l'emporta sur l'immense avantage de pouvoir, à cinq cents lieues de la métropole, transporter en quelques jours plusieurs légions romaines sur les points menacés par les hordes du Nord, et comprimer les Gaulois dans leurs tentatives d'insurrection. La non-exécution du canal de la Moselle à la Saône hâta peut-être la chute de l'empire (1). Ce grand projet, abandonné pendant plusieurs siècles, fut repris sous la reine Brunechilde, comme je me propose de le prouver dans un mémoire spécial; puis on le perdit de vue à la mort de l'illustre Espagnole. Ce ne fut qu'aux dix-septième et dix-huitième siècles que divers ingénieurs français d'un grand

---

(1) Tacite, *Annales*, liv. XIII.

mérite constatèrent, par des données certaines, la possibilité d'unir ainsi les deux mers.

En 1659, le célèbre Vauban, simple capitaine d'infanterie au régiment de La Ferté, occupait avec sa compagnie le village de Foug, près de Toul. Son ardeur pour la chasse lui ayant fait parcourir les forêts environnantes, il battit plusieurs fois une jolie vallée connue sous le nom de *Vaux* ou *Val de l'Ane*, qui s'ouvre d'une part vers la Moselle, près de l'ancien palais de Savonnières, et d'autre part, du côté de Pagny-sur-Meuse. Deux petits ruisseaux (1) nés dans cette vallée, et coulant chacun en sens contraire, ne laissent entre eux qu'un intervalle d'une demi-lieue, dont l'enfoncement est uniforme, quoique légèrement élevé. Cette remarque frappa le jeune officier : il jugea qu'en creusant un canal, on pourrait joindre la Moselle à la Meuse, et se réserva d'en faire plus tard une étude plus approfondie. Effectivement, quand la fortune l'eut mis au faîte des honneurs militaires, il vint à Foug examiner les choses avec attention.

Ce projet, dont les plans et les nivellements avaient été faits par l'ingénieur d'Aubigny, fut renouvelé sous la régence et sous le règne de Léopold I.er, duc de Lorraine. Désireux d'augmenter le bien-être de son peuple, Léopold appela même de Paris à Lunéville le père Sébastien (2), carme de la place Maubert et géomètre très-habile, auquel il confia l'exé-

---

(1) L'un d'eux, le ruisseau d'Ingresshin, qui vient du val de Passy, se perd dans la Moselle après avoir traversé la ville de Toul.

(2) Son nom de famille était Truchet (Jean). Il naquit à Lyon en 1657, mourut le 5 février 1729, et fut au nombre des savants dont Fontenelle a écrit l'éloge. Aucun travail hydraulique important ne s'exécutait sans lui. Sa réputation était européenne. Tandis que Léopold l'attirait dans ses états, le czar Pierre lui faisait des offres séduisantes. Mon savant ami M. Weiss est auteur de son article dans la *Biographie universelle*, t. XLVI, p. 601—602.

cution de son plan ; mais des entraves occasionnées par la différence des souverainetés ne permirent pas d'y donner suite.

Le projet de Vauban a été repris, modifié, étendu par M. de Caraman (1), qui voulait, 1.° rendre la Meuse navigable jusqu'à Pagny et au-delà ; 2.° faire communiquer la Meuse avec l'Aisne ; 3.° établir la jonction de la Meuse avec la Moselle, entre Toul et Pagny. L'académie de Metz, attentive à recueillir les idées propres à ranimer le commerce, n'hésita point d'entrer dans les vues de M. de Caraman, en proposant, pour 1782, un prix extraordinaire à celui qui *déterminerait avec le plus de précision possible les avantages résultant des canaux projetés, pour le commerce actif, passif et d'entrepôt pour toutes les parties de la province*. La société royale observa que, pour remplir l'objet qu'elle se proposait d'atteindre, il serait essentiel de considérer la question sous des rapports distincts, selon les différentes villes et les divers pays dont la province se trouvait alors composée (2).

Quelques années auparavant, le baron de Bilistein, conseiller de commerce en Russie, mais natif de la Lorraine, avait, dans un *Essai sur la navigation* du pays, développé de grandes vues sur les moyens de rendre la Meuse, la Moselle et la Meurthe navigables le plus près possible de leurs sources, de faire communiquer ces rivières entre elles, de les joindre au Rhin et à la Saône, et d'établir un système complet de relations internationales. La Lorraine devenait ainsi un vaste entrepôt pour le commerce du midi et du

---

(1) Le comte de Caraman, lieutenant-général des armées du roi, son lieutenant-général en Languedoc, commandant en second dans les Trois-Évêchés, membre honoraire des académies de Metz et de Béziers.

(2) Archives manuscrites de l'ancienne académie de Metz.

centre de la France avec les états de l'Allemagne, la Hollande et la Belgique. Mais Bilistein, trompé par son ardent patriotisme, qui lui faisait considérer comme exécutable ce qui ne l'était pas, se trompait d'autant plus qu'il écrivait de mémoire, loin des lieux dont il voulait donner la statistique fluviale.

Lecreulx, qui remplissait depuis vingt ans les fonctions d'ingénieur en chef de la province de Lorraine, et qui, d'après les désirs de l'intendant Galaizière, s'était occupé spécialement des voies navigables du pays, publia sur cet objet, vers 1793, un ouvrage rempli de faits et de judicieuses observations. Après avoir discuté tous les moyens présentés jusqu'à lui pour rendre les rivières lorraines navigables, il proposa lui-même un plan général, dont les moindres détails sont calculés avec une précision rigoureuse.

Ainsi, pour ce qui concerne la jonction de la Moselle à la Saône, Lecreulx pense que les Romains avaient dû nécessairement jeter leurs vues sur l'étang de Cône, qui verse ses eaux, à l'orient, dans le ruisseau du même nom, et à l'occident, au fond d'une gorge aboutissant à la Moselle au-dessus d'Épinal. Mais il trouva convenable de diminuer les frais de canalisation, en faisant une voie de terre d'environ sept lieues d'étendue entre Épinal et Fontenoy-le-Château; il pensa aussi qu'en raison de l'extrême variabilité du cours de la Moselle d'Épinal à Nancy, il faudrait creuser sur cette étendue un canal parallèle au lit de la rivière, avec sas à doubles portes busquées. Lecreulx estima la dépense de son projet de navigation,

1.° Depuis le confluent de la Moselle et de la Meurthe jusqu'à la Saône, à .... 4,447,000 fr.

2.° Sur la rivière de Coné, depuis la Saône à Corre, jusqu'à Fontenoy 699,361

Ce qui fait un total de 5,146,361

auquel il faudrait ajouter $^2/_5$ en sus, en raison de l'augmentation du prix de main d'œuvre. La dépense s'éleverait donc à sept millions.

D'après les calculs du même ingénieur, le bassin de l'étang de Cône et sa jonction à la Moselle, si l'on voulait que la navigation continuât sans interruption jusqu'à la Saône, s'éleveraient aussi à la somme de sept millions, parce qu'il faudrait cent soixante-dix-sept écluses, pour racheter les pentes des deux rivières (1). Or, il est évident qu'un chemin de fer serait bien autrement utile; car au canal de jonction se trouveraient attachés les retards incalculables qu'entraîne toujours le passage des écluses.

Lecreulx, plus à même que Vauban de bien étudier la navigation lorraine, puisqu'il habitait le pays, détermina positivement un point sur lequel ce grand homme demeurait incertain, c'est l'insuffisance des sources du Vaux-de-l'Ane pour alimenter le canal de la Meuse à la Moselle. Il reconnut en outre que des obstacles presque insurmontables s'opposaient à ce qu'on mît en pratique les moyens indiqués par Vauban pour subvenir au manque d'eau, et jugea qu'il n'y avait d'autre ressource que de tirer les eaux de la Meuse elle-même, en baissant la vallée (2). A cet effet, il proposa de déblayer le sommet de la vallée de *l'Ane* sur 50 pieds de profondeur, pour arriver à 4 pieds au-dessous du niveau de la Meuse, et de continuer les déblais à cette même profondeur dans toute la vallée jusqu'à Pagny, où se ferait la

---

(1) La pente du côté de la Saône s'élève à plus de 800 pieds sur environ 15,000 toises, et celle du côté de la Moselle à 614 pieds sur 10,200 toises.

(2) Son point le plus élevé est de 46 pieds au-dessus du niveau de la Meuse, du temps des basses eaux; elle surpasse la Moselle de 147 pieds sous les murs de Toul.

prise d'eau. On aurait ainsi une portion du canal de 51,070 toises de niveau avec cette rivière : pour racheter les 101 pieds de pente qui resteraient sur l'autre partie jusqu'à la Moselle, on établirait onze écluses, dont une seule à trois sas accolés au-dessous de Foug. La construction du canal, estimée alors 1,600,895 francs, irait peut-être à deux millions aujourd'hui.

En 1798, 1807 et 1812, Robin de Betting, ingénieur des ponts et chaussées, présenta au gouvernement un travail sur la jonction de l'Océan à la mer Noire, par un système de canalisation où la Sarre, la Zorn, la Meurthe, la Vezouze, la Moselle, la Meuse, l'Ingresshin, la Marne, l'Ornain, etc., apporteraient le tribut de leurs eaux (1). Robin s'est également occupé d'un projet de jonction de la Moselle à la Meuse, sur vingt-huit lieues de développement, par l'Orne, l'Oison et la Chiers, passant par Moyeuvre, Conflans, Étain, Mangiennes, Montmédy-Bas, Margut, Carignan et Douzy, en face de Remilly. Cette communication serait très-avantageuse au commerce de la Lorraine, de l'Alsace et de la Meuse, puisqu'elle donnerait une voie fluviale et latérale à nos frontières, de Dunkerque à Strasbourg, de la Belgique à la Suisse et à l'Italie; elle communiquerait avec tous les canaux et les ports de la France. Le point de partage s'effectuerait près de la forêt de Mangiennes, non loin des fermes de Ville-Forêt ou Décrops, et il serait alimenté par les eaux de la Meuse, moyennant une dérivation au-dessus de Verdun.

En 1828, une compagnie industrielle renouvela le projet de jonction de la Moselle à la Saône par le Coné, et

---

(1) *Essai sur la navigation lorraine*. Amsterdam, 1764. in-8.°

M. Cordier, organe de la compagnie, fit paraître un opuscule qui reproduit les raisons de ses devanciers, appuyées des considérations qu'une étude plus approfondie de la chose a pu lui suggérer. Cet habile ingénieur porte à vingt-six millions la dépense du canal, en y comprenant le perfectionnement de la navigation de la Saône depuis Châlons. Il propose une galerie souterraine et une tranchée à ciel ouvert pour obvier à l'élévation du col qui sépare Épinal de Fontenoy. Dans son système, les eaux de la Moselle serviraient d'aliment au bief de partage.

En 1832, M. Perrin, de Remiremont, envoya à la société un mémoire qu'il avait déjà présenté au roi, lors de son passage à Épinal, mémoire relatif à la jonction des deux mers par le canal dont Lucius Vetus avait eu le premier l'idée. M. Perrin, après un examen attentif des travaux de ses devanciers, prétend qu'il serait convenable d'établir le bief de partage des eaux près de Remiremont, au moyen d'un canal souterrain de 3,000 mètres environ de longueur, creusé sous la montagne qui sépare le bassin de cette ville de celui du Val-d'Ajol. L'auteur entra ensuite dans des détails nécessaires pour prendre une détermination sur ce bief de partage, le plus facile à exécuter, le moins dispendieux, et le plus profitable au commerce et à l'industrie de nos montagnes.

La société d'émulation d'Épinal ayant fait étudier par quelques-uns de ses membres tous les projets précités, adopta l'ensemble des conclusions de M. Cordier, mais elle jugea ses chiffres trop élevés. Il lui parut qu'on s'était généralement beaucoup trop préoccupé des ressources fluviales offertes par un étang dont les eaux coulent vers deux mers différentes, et qu'on pourrait trouver entre Épinal et Arches des cols moins élevés et moins difficiles à franchir. Ces idées nouvelles furent soutenues au congrès scientifique de Metz par M. Maud'heux avec une chaleur de conviction remarquable (1).

ESSAIS D'AMÉLIORATION DE LA VOIE FLUVIALE.

Les tentatives indiquées font voir de quelle importance on juge la Moselle comme voie fluviale, importance qui ne ferait qu'augmenter, si nos frontières venaient à s'étendre vers le nord, et si l'on exécutait en même temps tous les travaux de curage que réclame sur divers points le lit de cette rivière. En 1768, l'académie royale de Metz, recherchant les causes de la chute du commerce de la province, avait reconnu que la navigation difficile de la Moselle y avait une grande part. Elle proposa, en conséquence, pour le prix de 1769, la question de savoir *quels étaient les obstacles physiques et politiques qui s'opposaient à la navigation non seulement de la Moselle, mais encore des autres rivières de la province.* Plusieurs mémoires furent envoyés au concours; tous renfermaient des vues utiles; mais comme il s'en fallait de beaucoup que la question fût résolue, on prorogea le concours jusqu'en 1771, et l'on eut soin d'ajouter au programme des indications qui fixassent d'une manière plus précise les désirs de la société académique.

L'année 1771 ne se montra pas plus heureuse que son aînée. On reçut bien de nouveaux mémoires, mais ils n'offraient que des idées vagues, des moyens d'une pratique difficile, impossible même; de sorte que l'académie fut obligée de reculer une seconde fois les bornes du concours. Elle fit mieux: au lieu d'une question trop générale, elle en posa deux bien distinctes, l'une concernant les obstacles

(1) Congrès scientifique de France, cinquième session, 1837, p. 386. *Des communications nécessaires à la Lorraine.*

physiques, l'autre les obstacles *politiques*. La première devait être isolément l'objet d'un prix de 1000 francs à décerner en 1772, et la seconde celui d'un prix semblable pour 1773; mais M. de Calonne, alors intendant des Trois-Évêchés (1), désira que les deux questions fussent mises en même temps au concours, et il fit, de ses propres deniers, les fonds de l'une des couronnes à décerner. Ce magistrat, qui s'occupait avec sollicitude, depuis plus de trois années, des moyens de rétablir le mouvement commercial de la province, voulut encore aider à la solution des questions graves posées par l'académie, en établissant chez lui, pendant l'hiver de 1772, de nombreuses conférences auxquelles étaient appelés les savants, les gens de lettres et les industriels les plus distingués de la ville. Tous furent d'avis qu'il n'y avait désormais de prospérité commerciale possible à Metz, qu'autant que la Moselle verrait lever les entraves qui s'opposaient à sa navigation. Calonne, après une étude

(1) Calonne (Charles-Alexandre de), né à Douai le 20 janvier 1734, mort à Paris le 29 octobre 1802, avait été nommé intendant des Trois-Évêchés le 7 octobre 1766, et non en 1768, comme le dit la *Biographie universelle*. M. Desportes (Boucheron), auteur de cet article, n'a point parlé des actes administratifs de Calonne dans les provinces qui lui furent confiées, ni des écrits qu'il y publia. Il ne s'est pas non plus suffisamment étendu sur le caractère enjoué, ami du plaisir, sur les habitudes de travail d'un homme qui joua un si grand rôle dans les premières années de la révolution. Sous ce rapport, l'article de la Biographie est à refaire. Calonne fut un des hommes qui contribuèrent le plus à débaucher la société messine. Aucune femme n'était à l'abri de ses attaques, et telle était sa facilité pour le travail, que s'il lui arrivait d'interrompre la dictée d'un discours ou d'un rapport pour se rendre à une fête, il le reprenait le lendemain au point où il l'avait quitté, sans avoir besoin d'en relire les dernières phrases. Calonne avait beaucoup de grandeur et de générosité dans le caractère. Il donnait volontiers, et souvent à propos. Plusieurs pères de famille lui ont dû l'éducation de leurs enfants.

mûrement réfléchie, approuva leurs vues, et résolut de descendre lui-même la Moselle, accompagné de l'un des membres de l'académie. Elle choisit son président Gardeur-Lebrun (1); et le maréchal d'Armentières (2) voulut que toutes les autres occupations de la société fussent suspendues, afin qu'elle apportât le tribut complet de ses lumières à l'examen d'un fait qui intéressait au plus haut point le nord-est de la France. Toutes les dispositions étant prises, et les eaux de la rivière reconnues fort basses, Calonne et Gardeur-Lebrun s'embarquèrent le 2 août 1772, au port de l'Intendance, suivis d'un bateau de secours, en cas de nécessité. Malgré les retards suscités par des vents presque toujours contraires, et divers engravements, nos deux observateurs n'ont employé que deux jours et demi pour aller de Metz à Trèves. Le 6 septembre, à onze heures du matin, MM. de Calonne et Lebrun étaient de retour au port de l'Intendance. Ce fut le 18 novembre suivant qu'eut lieu, avec une solennité sans exemple dans les fastes académiques messins, la distribution des prix proposés. MM. Blouet et Mathis (3) reçurent chacun une couronne. M. Lebrun rendit

---

(1) Ingénieur distingué, né à Metz. La *Biographie de la Moselle* le cite parmi les illustrations du département.

(2) Le maréchal d'Armentières, chevalier des ordres du roi, lieutenant-général de la haute Guyenne, nommé en 1761 commandant en chef dans les Trois-Évêchés. L'une des promenades de Metz portait son nom : le *Cours d'Armentières*, sur le rempart Saint-Thiébault.

(3) La *Biographie de la Moselle* a consacré un article étendu à chacun de ces littérateurs, nés à Metz; mais elle a omis de dire que M. de Calonne ayant concouru, avait été jugé digne du prix. MM. Blouet et Mathis ne devaient recevoir qu'un accessit. A cette nouvelle, il retira son mémoire du concours, satisfait d'un succès de famille, qui eût été défavorable aux intérêts de ses jeunes émules, si le public avait été mis dans la confidence.

compte des observations qui lui étaient propres, et M. de Calonne présenta l'exposé des recherches auxquelles il avait été conduit sur le commerce de la province et la navigation de la Moselle. Deux jours plus tard, ce magistrat zélé, accompagné de M. Lebrun, s'embarqua de nouveau sur la Moselle, qu'il remonta jusqu'à Frouard, d'où il suivit la Meurthe depuis son embouchure dans la Moselle jusqu'à Nancy, où ils arrivèrent le 23 novembre, après quatre jours d'une navigation assez difficile. Tous ces travaux se trouvent consignés dans un volume in 4.° ayant pour titre : *Mémoires concernant la navigation des rivières de la province des Trois-Évêchés et le commerce de la ville de Metz, lus dans l'assemblée publique de la Société royale des sciences et des arts de Metz,* tenue le 18 novembre 1772. Metz. Pierre Marchal, libraire, 1773, iv, 424 p., avec privilège (1).

---

(1) Le titre de l'ouvrage est inexact, dans ce sens que les *mémoires* qu'il renferme n'ont pas été tous lus à la séance du 18 novembre ; plusieurs n'existaient pas encore à cette époque. Notre observation paraîtra oiseuse à bien des gens ; car quel est aujourd'hui le livre qui réponde à son titre, ou le titre qui réponde à son livre ? Mais, comme en bibliographie les détails sont de rigueur, quelques curieux nous sauront gré de leur faire connaître le contenu d'un ouvrage qu'on ne voit cité presque nulle part, et qui devient de jour en jour plus rare. Après un *avant-propos* de IV pages, composé par Dupré de Genest, alors secrétaire perpétuel de l'académie, se trouvent, 1.° *un mémoire lu en séance publique le 18 novembre 1772, par Gardeur-Lebrun,* 30 p. ; *mémoire sur les sinuosités, les anses, les bas-fonds, les cataractes de la rivière, et les moyens de remédier aux obstacles qui entravent la liberté de son cours ;* 2.° *le mémoire de M. de Calonne,* déjà cité, 24 p. ; 3.° *le mémoire de M. Blouet sur les obstacles politiques apportés à la navigation,* 128 p. ; 4.° *celui de M. Mathis sur les obstacles physiques,* 46 p. ; 5.° *un état détaillé des obstacles physiques qui gênent la navigation de la Moselle depuis Coblentz jusqu'à Metz, reconnus par M. Lebrun en remontant cette rivière,* 146 p. ; 6.° *un état détaillé des obstacles physiques qui gênent la navigation de la Moselle depuis Metz jusqu'à Frouard,*

Forts des notions exactes qu'ils avaient acquises, le maréchal d'Armentières, le chevalier de la Serrée, commandant de Metz (1), et M. de Calonne, usèrent de toute leur influence pour que le gouvernement vînt en aide à leur projet de navigation. M. de Pont, successeur de Calonne à l'intendance des Trois-Évêchés, poursuivit avec zèle l'œuvre commencée. Des subventions annuelles considérables permirent d'exécuter une foule de travaux, surtout entre Metz et Apach, et la navigation prit un essor qu'elle n'avait pas eu depuis longtemps. Ces faits sont exposés avec détail dans trois mémoires remarquables demeurés manuscrits, et lus en 1783, 1784, 1785, par l'ingénieur en chef Plongueur à l'académie royale de Metz. Ce savant avait déjà reconnu l'utilité de resserrer le lit de la rivière par des digues; il appuie son opinion sur des observations judicieuses, et propose une partie des moyens employés depuis quelques années par MM. les ingénieurs des ponts et chaussées.

MM. Dutac frères ont fait hommage, en 1831 — 1832, à la société d'émulation d'Epinal, de plusieurs mémoires d'un haut intérêt sur la *canalisation de la Moselle*, et sur les moyens les plus propres à changer ses rives graveleuses et stériles en

---

et de celle de la Meurthe, depuis son embouchure dans la Moselle, sous Frouard, jusqu'à Nancy, reconnus par le même, 50 p.

L'ouvrage, sans nom d'imprimeur, a été publié aux frais et aux armes de l'académie, par Claude-Sigisbert Lamort. Il est orné de quelques vignettes gravées sur bois, en 1768, par Mansion, artiste messin, et de quatre cartes, représentant le cours de la Moselle de Metz à Coblentz, et celui de la Moselle et de la Meurthe de Metz à Nancy. Ces cartes, exécutées avec soin par Gardeur-Lebrun fils, ont été gravées par N. Chalmandrier. Le cartouche, de fort bon goût, dessiné par L. Monnet, a été gravé par Louis Legrand.

(1) Il avait été pourvu des fonctions de lieutenant-commandant au gouvernement de Metz le 14 mai 1754.

prairies aussi riches qu'abondantes. Pour parvenir à ce double résultat, MM. Dutac ont envisagé leur entreprise sous toutes les faces, et travaillé pendant dix années à l'appuyer d'observations continuelles, à la rendre intelligible par des plans, des devis rigoureux, et une quantité de détails estimatifs. Enfin, rien ne les empêchera de se mettre à l'œuvre, dès que les formalités exigées par notre législation auront été remplies. Grâce à leurs soins, la Moselle, si vagabonde dans la plaine qui s'étend d'Epinal à Charmes, suivrait un cours régulier et deviendrait flottable; les inondations seraient arrêtées; le bassin quintuplerait de valeur; deux mille hectares de grève improductive entreraient dans le domaine agricole; on pourrait construire, au moyen de barrages, des usines et des ponts sur cette partie de la haute Moselle, et l'ancien projet du canal de cette rivière à la Saône deviendrait plus que jamais possible. Ces immenses avantages ont vivement intéressé la société d'Epinal; aussi s'est-elle hâtée, par un vote unanime, d'adresser au ministre du commerce une requête, pour le prier de porter toute sa sollicitude sur les améliorations projetées.

En 1829, M. Lemoyne, de Metz, qui exerçait dans cette ville les fonctions d'ingénieur, adressa au directeur général des ponts et chaussées un beau travail sur la navigation de la Moselle. Enfin, deux années plus tard, le gouvernement, appréciant l'importance d'une voie fluviale qui est le seul affluent du Rhin pour la France, et le chemin le plus direct pour le commerce entre nos provinces, la Prusse et la Belgique (1), fit opérer : 1.° un plan général du cours

(1) Un canal de Liège à Trèves, débouchant dans la Moselle, à Wasserbilich, par la rivière de Sure, lie de la sorte la France, la Belgique et la Prusse.

de la Moselle depuis Pont-à-Mousson jusqu'aux frontières au-dessous de Sierck; 2.° un plan détaillé du même cours dans la partie inférieure à Metz; 3.° les profils de la rivière, etc. On planta des bornes de nivellement; et, au mois d'octobre 1833, MM. Lemasson et Lejoindre descendirent la Moselle jusqu'à Coblentz, afin d'étudier, avec plus d'attention qu'on ne l'avait fait jusqu'alors, les conditions actuelles et futures de la navigation. Leur travail, inséré dans les mémoires de l'académie royale de Metz (1), est un modèle de concision et d'exactitude. La statistique ne peut s'entourer d'un ensemble plus complet de faits judicieusement observés, bien qu'au témoignage de ces messieurs, certaines parties de leur rapport, et notamment celle du jaugeage, exigent encore des recherches ultérieures.

Après avoir donné des renseignements positifs sur l'importance de la Moselle comme voie fluviale, sur les objets qui alimentent sa navigation, sur la disposition, la forme des bateaux et des trains flottés, sur les procédés et le prix de transport en usage, les droits du fisc, le mouvement commercial, etc.; après avoir mesuré la longueur du cours navigable, sa pente, ses hauts-fonds, étudié la formation du lit, les résultats des curages, calculé les vitesses, les hauteurs de l'eau, apprécié l'état du chemin de halage et les obstacles à surmonter, les auteurs du mémoire donnent un aperçu des projets de la Prusse sur la navigation de la Moselle, du point où en sont les travaux des ingénieurs allemands, et ils consacrent un sixième et dernier chapitre à l'appréciation des perfectionnements qu'exige cette navigation. MM. Lemasson et Lejoindre, d'accord en cela avec leur ancien pré-

(1) Voir les *Mémoires de l'Académie royale de Metz*, 1834—1835. Metz, imprimerie de Lamort, p. 251 à 370, avec 14 tableaux lithographiés.

décesseur Plongueur, avec les ingénieurs prussiens, pensent que le moyen le plus sûr et le plus économique de rendre la navigation possible depuis Frouard jusqu'au Rhin, consiste à resserrer le lit de la rivière, au passage des hauts-fonds, entre deux digues longitudinales submersibles. La dépense, selon eux, ne saurait dépasser 10,525 fr. par kilomètre, ou 10 fr. 52 c. par mètre courant, ce qui ferait monter les travaux à 842,000 fr. pour les 80,059 mètres de longueur présentés par la Moselle dans notre département. La somme d'un million allouée par la chambre des députés, le 30 juin 1835, serait donc plus que suffisante.

Au mois de septembre 1837, M. Lejoindre lut au congrès scientifique de Metz une *Notice* (1) qu'il avait faite en commun avec M. Lemasson sur les expériences hydrauliques et les travaux effectués par eux sur la Moselle. Ces savants ingénieurs ayant reconnu qu'un canal latéral coûterait huit millions pour 80 kilomètres, et que la canalisation de la rivière elle-même dépasserait quatre millions pour la même étendue, abandonnèrent un système qui, outre l'incertitude du succès, dans un lit affouillable, aurait l'inconvénient, selon eux, de faire renoncer pour toujours à la navigation des bateaux à vapeur, et de n'être pas en rapport avec le système de travaux qui semble projeté par les ingénieurs prussiens dans la basse Moselle.

Ils mirent en pratique le moyen de navigation sans barrages et sans écluses qu'ils avaient proposé, et développèrent au congrès scientifique les raisons sur lesquelles s'appuyait leur entreprise La permanence des biefs et des hauts-fonds est une des considérations auxquelles ils eurent le plus d'é-

---

(1) *Notice sur le système et les résultats des travaux adoptés pour l'amélioration de la navigation de la Moselle.* Voir le volume du Congrès, p. 570 à 582.

gards. Ils conservèrent une largeur de 30 mètres entre leurs digues longitudinales, afin de concilier la commodité de la voie pour les bateaux descendants, avec une vîtesse normale contre laquelle puissent lutter les chevaux de halage.

« Sans avoir porté atteinte aux propriétés riveraines, disent ces messieurs en terminant leur notice, sans avoir troublé aucune des habitudes établies pour une navigation importante, sans avoir entravé la marche des bateaux à vapeur, et sans avoir augmenté, comme pour un canal, la durée des chômages dus à l'existence des glaces dans une eau presque stagnante, mais en maintenant dans le régime naturel ce qui est favorable, et ne perfectionnant que ce qui est insuffisant, nous aurons produit pour la navigation fluviale de la Moselle, sur vingt lieues de longueur, des améliorations durables ; nous lui aurons assuré un tirant d'eau qui, à l'époque des plus basses eaux, sera égal à celui qui répond aujourd'hui aux grandes charges habituelles des bateaux, et qui, pendant près de huit mois de l'année, sera égal et supérieur à celui des canaux de premier ordre. »

Si tous ces résultats se réalisent, et l'année 1840 nous l'apprendra déjà, puisque les travaux doivent être terminés à cette époque, MM. les ingénieurs de la Moselle auront résolu un grand problème de navigation, et ouvert une voie fluviale pour la faible dépense qu'exige la confection d'une simple route de terre.

COURS DE LA MOSELLE ;

SES VALLÉES, SON ENCAISSEMENT, SES RIVAGES.

Une vallée délicieuse formée de schistes fossiles et de granit siénitique dans ses étages supérieurs, ombragée par les têtes vacillantes de sapins gigantesques, de bouleaux flexibles, de hêtres et d'aulnes touffus, formant une opposition de verdure entre deux rives, semble ouvrir avec amour son sein à la Moselle. Bientôt cette vallée se rétrécit, d'autres vallées se présentent, et la rivière, tour à tour encaissée, libre, hâtant sa marche rapide, arrive sans effort au village de Rupt, après avoir traversé des terrains de formation entritique. Elle coule alors dans le granit pour baigner peu après des terrains de gneiss et de leptinite au-dessus de Remiremont, où ses eaux se promènent et s'étalent majestueusement dans une large prairie. Bientôt les noirs sapins disparaissent, le vert gai de nos forêts les remplace. Entre Jarménil et Épinal, des couches de terrain granitique se superposant, rendent à la Moselle le lit qu'elle avait à sa naissance. Arrivée sur le territoire de la capitale vosgienne, notre rivière traverse les grès bigarrés, pénètre dans le muschelkalk qu'elle parcourt depuis Golbey jusqu'à Charmes, où commencent les marnes irisées. Ces dernières, couronnées de vignes, de jolis jardins et de maisons bien assises sur le penchant des collines, forment un encaissement assez régulier jusqu'au village de Gripport, limite du département des Vosges. On dirait que la Moselle, arrivée là, craint de quitter son berceau natal; car elle fait un coude, puis se partage en entrant dans le département de la Meurthe. Les marnes irisées, prolongées au-dessous de Bayon, sont remplacées par le lias, auquel se joignent, aux environs de Pont-Saint-Vincent, les terrains de formation oolithique qui règnent dans les étages supérieurs au lias, sous les murs de Toul, Liverdun et Pont-à-Mousson jusqu'à Jouy.

Dans le département de la Meurthe, la Moselle parcourt environ 12 myriamètres du sud au nord, à travers un vallon de 300 à 1000 mètres de largeur que bordent des coteaux élevés à 150 et même à 200 mètres. Les points culminants, tous couronnés de bois ou de vignes, sont près de Messein, de Pont-Saint-Vincent, de Toul, de Pompey et de Mousson.

A son entrée dans ce département, la Moselle n'a pas un lit bien fixé; elle parcourt un large vallon, et chaque débordement change ses gués, altère ses rives, ravage les prairies, déplace et porte à de grandes distances les graviers qui l'encombrent.

Au-dessous de Pont-Saint-Vincent, la rivière, plus resserrée, présente un lit d'environ 150 mètres de large et de 2 mètres de profondeur, par les eaux moyennes. Elle double et triple même quelquefois dans ses crues. Le défaut d'encaissement et la pente rapide de la Moselle vosgienne jusqu'à Toul, et même Liverdun (1), mettront toujours de grands obstacles à sa navigation.

Cette rivière, arrivée dans le département qui porte son nom, traverse une vallée magnifique, de nature siliceuse, et d'une largeur moyenne d'environ 200 mètres. A gauche, des plateaux oolithiques, labourés ou plantés de vignes à leurs deux tiers inférieurs, nus ou couronnés de broussailles à leur sommet, bordent la Moselle, qui continue de couler sur le lias; à droite, les collines sont généralement moins élevées.

Au-dessous de Thionville, notre rivière abandonne les formations oolithiques et liasiques pour les marnes irisées, auxquelles succède le grès bigarré surmonté du muschelkalk. En arrivant à Sierck, la Moselle, plus encaissée qu'elle ne l'a été depuis Liverdun, resserrée par des chaînes de montagnes qui ne laissent entre elles et la rivière aucun espace labourable, rencontre un lambeau de quartzite, des traces

(1) Cette pente est estimée 9 à 14 centimètres par 100 mètres. Voir le *Mémoire statistique du département de la Meurthe*, adressé au ministre de l'intérieur, d'après ses instructions, par M. Marquis, préfet de ce département; publié par ordre du gouvernement. Paris, impr. impériale, an XIII, in-fol. de 231 pages.

de grès bigarré, et traverse les grès rouges qui caractérisent le pays de Trèves. Quelques lieues plus bas apparaissent, sur la rive droite, les schistes de transition jusqu'aux environs de Coblentz.

Entre cette ville et Trèves, la Moselle est resserrée par deux chaînes de montagnes escarpées qui lui sont immédiatement ou presque immédiatement contiguës (1). Ces montagnes présentent très-peu de terre végétale, qu'on emploie à la culture de la vigne, quand l'exposition le permet. Les autres parties sont boisées en taillis.

De Metz à Coblentz, les longs détours et les replis sinueux de la Moselle ralentissent singulièrement sa navigation, puisque la distance entre ces deux villes est d'environ 20 myriamètres, tandis qu'il y en a plus de 30, si l'on suit le cours de l'eau. L'éboulement des terres, la proximité presque constante des montagnes, rendaient autrefois très-périlleux les chemins de halage qui passent alternativement d'une rive à l'autre; mais les ingénieurs français sous l'empire, et surtout les Prussiens depuis 1820, y ont apporté de grandes améliorations (2).

Entre Trarbach et Coblentz, la largeur moyenne de la

(1) *Mémoire statistique du département de la Moselle*, adressé au ministre de l'intérieur, d'après ses instructions, par le C.en Colchen, préfet de ce département. Publié par ordre du gouvernement. Paris. Imp. de la république. An XI. In-folio, grand atlas de 196 p. Voir la page 9.

(2) *Mémoire statistique du département de Rhin-et-Moselle*, adressé au ministre de l'intérieur, d'après ses instructions, par le C.en Bourgueau, préfet de ce département. Publié par ordre du gouvernement. Paris, de l'imprimerie de la république. An XII. In-folio, grand atlas de 196 pages. Cette statistique, parfaitement faite pour le temps, est due à Masson, secrétaire général de la préfecture de Rhin-et-Moselle, et correspondant de l'Institut. On y trouve une érudition très-variée relevée par un style agréable.

Moselle est de 125 mètres; sa profondeur moyenne de 2 mètres 50 centimètres; sa pente moyenne de 1 mètre 20 centimètres, sur 5,000 mètres courants; sa vitesse moyenne de 60 mètres par minute; son encaissement de 4 mètres. Ses hautes eaux, lors des débordements, dépassent les basses eaux de 2 mètres 5 centimètres. Son lit ne renferme aucune île considérable (1).

ÉTAT ACTUEL DE LA VOIE FLUVIALE.

La Moselle, flottable à bûches perdues presque dès sa naissance, ne devient navigable qu'à partir de son confluent avec la Meurthe, au village de Frouard. La longueur de la partie navigable dans le département de la Meurthe est de 38,200 mètres, savoir : 22,790 mètres entre Frouard et Pont-à-Mousson, et 15.410 entre Pont-à-Mousson et la limite du département de la Moselle. De cette limite à la Lobe, jusqu'à l'aval (2) de l'écluse de Metz, la rivière présente 20,197 mètres, et de cette écluse aux frontières prussienne et belge, 59,862 mètres; longueur totale navigable : 80,059 mètres pour le département de la Moselle, et 118,259 mètres pour les deux départements de la Meurthe et de la Moselle; de la frontière française à Trèves, il y a environ 46,000 mètres; de Trèves à Coblentz, à peu près 192,000 mètres, ce qui fait pour le cours entier de la rivière navigable depuis Frouard jusqu'au Rhin, 356,259 mètres, c'est-à-dire 368 kilomètres ou 92 lieues.

Le lit de la Moselle se trouve formé, dans la partie supérieure à Metz, de sable et de graviers roulés. Généralement,

---

(1) *Mémoire statistique de Rhin-et-Moselle*, page 6.

(2) L'*aval* d'une rivière suit la pente de ses eaux; l'*amont* remonte contre le cours. Les bateaux qui vont de Metz à Coblentz naviguent en aval, tandis que ceux qui marchent dans un sens contraire sont en amont.

ce sable est très-graveleux, et les graviers présentent un diamètre de $0^m,03$ à $0^m,08$. Peu de cailloux offrent des dimensions assez grandes pour être employés comme pavés ; on les utilise cependant à Nancy ainsi qu'à Pont-à-Mousson. Le granit, le porphyre, le quartz rouge, le quartz blanc, etc., constituent la plus grande partie des cailloux de la Moselle. On y trouve aussi des galets calcaires.

On n'a pas encore mesuré la profondeur ni l'étendue précise du lit de gravier dont nous parlons. Entre Metz et Pont-à-Mousson, il recouvre sans doute la couche d'argile qui se fait remarquer dans les côtes voisines. Près de Metz, environ à $1^m,50$ au-dessous du lit naturel, on rencontre les marnes du lias, base de formation de la rive droite de la Moselle, le long des côtes du Pays-Messin. A partir d'Olgy à Uckange, à Illange, des bancs de calcaire à gryphites s'étendent sous la Moselle ; à Malling, à Berg, c'est du calcaire muschelkalk ; mais ce dernier, qui forme en grande partie les côtes de la Moselle prussienne, n'entrave pas sa navigation.

Quarante hauts-fonds ou passages, connus en Lorraine sous le nom de *gués*, occupent la Moselle le long de son trajet dans notre département, ce qui fait un haut-fond par 2,000 mètres. Ils envahissent un neuvième du cours de la rivière, leur longueur moyenne étant de 220 mètres. Les 46 kilomètres de la Moselle prussienne supérieure à Trèves présentent dix à douze hauts-fonds, et, à leur partie d'aval, une accélération de vitesse remarquable, que les bateliers appellent un *coulant*. Entre Trèves et Coblentz, dans une étendue de 192 kilomètres, la Moselle offre à peu près les mêmes phénomènes qui se remarquent depuis Metz jusqu'à Trèves : c'est une série de biefs de 1 à 2 mètres de profondeur, séparés par des hauts-fonds qui offrent à l'étiage (1) une hauteur d'eau va-

(1) L'*étiage* est le plus grand abaissement connu des eaux d'une rivière.

riant depuis $0^m,45$ jusqu'à $0^m,90$. Des îles fréquentes et des bancs de gravier produisent des coulants rapides qui obligent à doubler les chevaux de halage ou à passer un à un les bateaux d'un même train. Souvent ces îles et ces gués rejettent le thalweg (1) loin du chemin de halage, et augmentent ainsi les difficultés de la navigation. C'est ce qu'on observe à Pommeren, Mieden, Wingen, etc.

Voici d'après MM. Lemasson et Lejoindre, à qui nous empruntons les détails précités, la hauteur d'eau minimum sur les hauts-fonds les plus difficiles, et pendant les plus basses eaux :

Entre Nancy et Pont-à-Mousson.. .. $0^m,25$ à $0^m,30$.
Entre Pont-à-Mousson et Metz...... $0^m,30$ à $0^m,35$.
Entre Metz et Sierck.............. $0^m,35$ à $0^m,40$.
Entre Sierck et Trèves............ $0^m,40$ à $0^m,45$.
Entre Trèves et Coblentz.......... $0^m,45$ à $0^m,50$.

L'étiage au minimum étant de $1^m,42$, il serait facile, surtout avec les digues de resserrement, d'entretenir les eaux à une hauteur correspondante.

Les hauts-fonds de la Moselle, différents en cela des hauts-fonds de la Meuse qui varient souvent d'une saison à l'autre, conservent tous un nom, signe certain de leur permanence. Il est très-rare qu'un haut-fond se forme sur un point où il n'en existait point, comme il est presque sans exemple qu'un haut-fond ait complètement disparu.

Les pentes de la Moselle diffèrent d'un point à un autre ; mais on peut établir, en thèse générale, que les pentes les plus fortes correspondent, presque partout, à la profondeur des hauts-fonds. La partie navigable de cette rivière dans le département de la Meurthe offre une pente de $16^m,197$; dans

(1) Cette dénomination s'applique au fil du principal courant, désigné pour limite par le traité.

celui de la Moselle, elle est de 29m,212, ce qui donne une moyenne proportionnelle plus faible d'environ 3/10.

Le maximum de vitesse de la Moselle sur tout son cours à l'étiage, même dans les grandes crues, est de 1m,80 par seconde; sa vitesse moyenne ne dépasse pas 1m,60.

La hauteur des eaux varie selon les lieux, comme leur pente et leur vitesse. La plus grande hauteur connue dans la partie française a dépassé 7 mètres. Les plus basses eaux ont descendu au minimum de 5 centimètres. Il faut 42 centimètres d'eau pour la marche des bateaux chargés de diverses marchandises, et 65 centimètres pour les trains de houille. Dans la Moselle supérieure, la navigation cesse à la hauteur d'eau de 1m,60; dans la Moselle inférieure, à celle de 2m,20; la hauteur la plus favorable est de 1 mètre; mais la navigation ne peut compter habituellement que sur une hauteur de 29 centimètres.

Les mois de janvier et de décembre sont, en grande partie, des mois de chômage pour la navigation, soit à cause des crues, soit à cause des glaces; les mois de février, mars, avril et novembre, sont ceux où la navigation présente le plus d'avantage. Les mois de mai, juin et octobre n'offrent que des basses eaux à 25 centimètres au-dessus de l'étiage. Enfin, dans les mois de juillet, août et septembre, le transport de la houille est ordinairement impossible avec bénéfice; le tirant d'eau, sur les hauts-fonds, ne dépassant guère alors 40 centimètres, encore faut-il que les curages aient été effectués avec soin depuis plusieurs années.

Ces curages s'opèrent à mains d'hommes : les ouvriers, placés dans l'eau, après avoir, au moyen d'une herse ou d'une charrue, amoncelé le gravier, l'enlèvent avec des pelles, et le transportent par nacelle aux bords de la rivière.

Sur quelques points, la rive gauche de la Moselle est bordée d'une digue, et d'un chemin de halage dont l'abord n'est pas toujours facile; sur d'autres, le sol se trouve presque au niveau du liquide, de sorte que les débordements se renouvellent avec une fréquence d'autant plus déplorable, qu'ils appauvrissent le sol plutôt qu'ils ne le fertilisent, en y déposant une grande quantité de galets et de sable. Ces inondations ont pour cause, 1.° les pluies d'automne; 2.° la fonte des neiges des Vosges; 3.° la décharge de l'étang de Lindre par la Seille.

Les deux premières causes sont annuelles; la dernière n'est qu'accidentelle. Autrefois, les inondations et les ravages produits par la Moselle étaient bien autrement désastreux qu'aujourd'hui; cela tenait à ce que les chemins de halage se trouvaient moins élevés, moins bien entretenus qu'ils ne le sont depuis quarante ans.

MOYENS DE TRANSPORT SUR LA MOSELLE.

Les barques ou bateaux destinés à cette rivière sont ordinairement plats et construits avec soin. On en distingue six espèces, dont la forme paraît usuelle depuis un grand nombre d'années :

1.° Le petit canot, connu en Allemagne sous le nom de *dreybort*, se compose de trois planches; il ne sert qu'aux pêcheurs;

2.° La nacelle, *ancker-nachen*, est formée de sept planches, dont trois pour le fond. Elle peut supporter une charge de 50 à 250 myriagrammes. Sa destination principale consiste à porter les ancres et les agrès des bateaux, à conduire les passagers d'une rive à l'autre.

3.° L'espèce de chaloupe connue en France sous le nom de *champ-des-vignes*, et en Allemagne sous celui de *bor-*

nachen, suit les grands bateaux afin de les alléger dans les bas-fonds, lorsque les eaux n'offrent pas une élévation suffisante. Cette chaloupe a 12 à 16 mètres de longueur, 4 de largeur, 1 de hauteur, et porte jusqu'à 30,000 kilogrammes. Elle sert également au passage des chevaux de halage d'une rive à l'autre.

4.° Le bateau appelé *caine*, en allemand *keunen*, offre 20 à 24 mètres de longueur sur 4 à 5 de largeur au centre, et 1 mètre 30 à 70 centimètres de hauteur; il se rétrécit aux deux extrémités, et peut porter 75,000 kilogrammes.

5.° Le maître-bateau, *treubert*, un peu plus grand que le précédent, en diffère par la forme du gouvernail, et porte 80 à 90,000 kilogrammes. C'est un *bateau-loge* servant de demeure au patron.

6.° Enfin, le vaisseau, *schiff*, se voit dans la basse Moselle, et ne marche guère que par les hautes eaux. Il a 26 à 34 mètres de long sur 6 à 7 mètres de largeur en haut, 4 mètres de largeur en bas, et 2 mètres environ de hauteur sur les bords. Son chargement peut s'élever à 200,000 kilogrammes.

Un train de bateaux se compose du *schiff* ou du *treubert*, du *keunen* et du *bor-nachen*. Le *keunen* et le *bor-nachen*, à la suite l'un de l'autre, s'attachent derrière le grand bateau, du côté opposé à la rive de halage.

Le halage s'effectue par des chevaux, dont les traits sont attachés à une corde qui correspond au sommet du mât du bateau-loge. Les chevaux, attelés deux à deux ou trois à trois, à la suite l'un de l'autre, sont au nombre de six à douze, selon la hauteur des eaux. Il faut un charretier pour trois chevaux, quelquefois même pour deux. Le parcours moyen par heure, en descendant de Metz à Trèves, est de 2,100 mètres; de 5,400 mètres de Trèves à Coblentz; tandis qu'il n'est que de 2 kilomètres en remontant de Trèves à Metz, et de

2,500 mètres de Coblentz à Trèves. Le personnel varie pour la remonte et la descente (1).

Les *flottes*, formées avec le bois des Vosges aux affluents de la Meurthe, partent presque toutes des environs de Raon-l'Étape et de Baccarat. Des compartiments appelés *bossets* entrent dans leur composition. Chaque bosset comprend quatorze, quinze et seize pièces en largeur, si ce sont des bois de construction, c'est-à-dire, quatre-vingt-dix à cent pièces pour la totalité, offrant une longueur de 65 mètres et un cube d'environ 40 mètres. Si le train est au contraire composé de planches, il a quinze à seize bossets, formés, le premier, de neuf planches de large; le second, de dix, etc., en augmentant ainsi d'une planche jusqu'au huitième; tous les autres bossets sont de quinze planches comme ce dernier. Il y a neuf à dix planches en hauteur, ce qui fait quinze cents à deux mille deux cents planches par flotte ayant 55 mètres de long et 48 mètres de cube. Des harts de jeunes sapins lient entre eux les bossets et les pièces qui les composent. Il y a généralement deux ouvriers flotteurs par train. Sa marche exige un tirant d'eau de $0^{m},25$ à $0^{m},30$. Il parcourt, terme moyen, 20 kilomètres (4 lieues) par jour.

Jadis toutes les communes considérables riveraines de la Moselle avaient un petit bateau pour le transport des produits territoriaux et des particuliers aux marchés voisins. Dans le XVIIIe siècle, il existait un coche d'eau de Metz à Thionville, et un autre de Trèves à Coblentz. Du temps de l'empire, deux bateaux-loges se croisaient irrégulièrement chaque semaine entre Metz et Trèves, et transportaient des voyageurs de l'une de ces villes à l'autre. Un coche d'eau, parti de Co-

(1) Voir, pour plus de détails, le *Mémoire* de MM. Lemasson et Lejoindre, déjà cité, p. 278 et suivantes.

chem (12 lieues de Coblentz) tous les lundis, arrivait le soir même à Coblentz; il repartait le vendredi, pour être de retour le lendemain. Ce bateau, composé de deux chambres et d'une cuisine, pouvait contenir cinquante à soixante personnes. Il se chargeait aussi de marchandises, bien qu'il y eût un autre bâtiment, appelé *marck-schiff*, destiné spécialement au commerce. Le *marck-schiff* était une chaloupe couverte d'une toile.

Une large entreprise de navigation s'était organisée du temps de la république française. Elle consistait en six bateaux avec les nacelles et les agrès nécessaires, qui naviguaient constamment entre Metz, Trèves, Coblentz, Cologne et Mayence. Chacune des embarcations était montée par deux hommes. Les bureaux se tenaient dans les villes précitées. Les sieurs Saint-Jacques, de Metz, qui avaient fondé cet établissement, se proposaient de transporter ainsi les marchandises de l'intérieur de la France, et principalement les vins de Bourgogne et de Champagne, qui, descendant par le Rhin à Francfort et à Hambourg, gagnaient le nord de l'Europe. Au retour, on se chargeait des produits manufacturés de la Roër, du pays de Berg, et des marchandises non prohibées. Mais l'énormité des péages, et surtout les droits d'étape maintenus à Mayence ainsi qu'à Cologne, trompèrent l'espoir des spéculateurs. Leur situation, déjà précaire en 1803, le devint de plus en plus. Il n'en a pas été de même des coches, ou diligences d'eau, formés par la même société pour lier Coblentz à Mayence et à Cologne; ils ne mouillaient point dans la Moselle (1).

Si le projet de bateaux à vapeur se réalise, le XIX.e siècle n'aura plus rien à envier, sous le rapport de la navigation mosellane, aux âges précédents.

---

(1) On peut consulter, pour plus de détails, le *Mémoire statistique du département de Rhin-et-Moselle*, déjà cité, p. 178—179.

Les eaux de la Moselle, claires et limpides, sont, pour la teinture, d'une qualité égale à celles de la Saône. C'est à elles, en partie, que les molletons, les flanelles de Metz, et les cuirs de Sierck, doivent la réputation dont ils jouissent. D'après l'analyse de M. Serullas (1), ces eaux contiennent, par litre, 4 grains et demi de matière saline, composée, en majeure partie, de carbonate de chaux et de carbonate de magnésie, ainsi que de la silice. On n'y a pas trouvé de sulfate de chaux. Il est à regretter que l'expression analytique de M. Serullas soit demeurée aussi vague (2).

La diversité des terrains dont les rives de la Moselle sont formées les rend très-intéressantes sous le rapport agricole, géologique et botanique. Habitées depuis dix-huit ou vingt siècles par des peuplades qui comptaient au nombre des plus civilisées de la Gaule, elles présentaient déjà sous les Romains une richesse de produits remarquable. On y cultivait avec succès la vigne et les céréales. Quand les Nerviens, les Tréviriens et les Médiomatriciens, nations mi-partie romaines, mi-partie gauloises, eurent cédé une partie de leur territoire aux habitants du Rhin, du Weser et de l'Elbe, on vit, au IV.e siècle, une colonisation continuelle de Lœtes et de Franci s'effectuer dans les plaines qu'arrose la Moselle.

---

(1) Serullas, membre de l'Institut (académie des sciences), pharmacien en chef, premier professeur au Val-de-Grâce, etc., mort du choléra en 1832, à Paris.

(2) Il y a long-temps que l'eau de la Moselle est devenue un objet d'étude pour les savants de la province. En 1775, l'académie royale de Metz avait proposé de « déterminer les qualités et les propriétés médicinales de cette rivière, et de constater si l'on pourrait, sans inconvénient pour la santé publique, substituer l'eau de la Moselle à celle des fontaines de la ville. » Ce prix, remis au concours faute de mémoires satisfaisants, a été remporté, en 1779, par le médecin Thouvenel, alors inspecteur général des eaux minérales de Contrexeville.

C'est ce que nous apprend Eumène dans l'un de ses panégyriques. Les nouveaux colons possédaient, comme les anciens, des biens, *terræ aviaticæ* ou *salicæ*, véritables bénéfices militaires ressemblant aux timars de l'empire ottoman. Ils leur servaient de solde, et avaient une étendue proportionnée au grade. Nul doute que, par la suite, les grands domaines, les châtellenies principales, les campagnes royales, représentaient presque toutes des *terres saliques* qui avaient appartenu aux chefs des anciennes colonies.

Voilà, autant qu'il est possible de l'établir, l'origine et le secret des travaux agricoles entrepris sur les bords de la Moselle. Il serait fastidieux de présenter ici la sèche nomenclature des fossiles qu'on y rencontre. Ils ressortent de la nature des terrains, et nous les avons signalés.

INONDATIONS.

Dans les temps primitifs, lorsque les collines qui bordent la Moselle étaient presque entièrement boisées ; lorsque la terre végétale qui couvrait leur pente et leur faîte n'avait pas encore roulé au fond de la vallée ; lorsque les eaux pluviales, retenues dans leur chute rapide, baignaient les racines des arbres et des plantes avant d'aller grossir la rivière, on n'était point exposé à ces inondations fréquentes qui détruisent en quelques minutes l'espoir des populations, qui modifient spontanément le lit d'un fleuve en charriant des masses considérables de terres d'alluvion, en entraînant des rochers et des sables sur les plaines jadis couvertes de cultures riches et variées.

Il ne faut pas conclure toutefois du silence des historiens antérieurs au XIII.e siècle, que les grands débordements de la Moselle n'ont commencé qu'à cette époque. La crue inégale des eaux tient à une foule de circonstances atmosphériques dont l'influence s'est fait sentir dès les premiers âges du monde; mais on peut admettre que l'épuisement rapide de la Moselle par les chaleurs, que ses débordements subits par les pluies et la fonte des neiges, se trouvent dans une progression semblable, toutes choses égales d'ailleurs, à celle des déboisements.

Le débordement de 1224 est le plus ancien dont nos chroniques fassent mention. Elles rapportent à ce sujet un événement bien mémorable pour les Messins, la fondation de leur liberté. Le dernier des comtes de Metz venait de mourir sans descendants mâles. L'évêque *Jean d'Apremont* prétendait succéder à ses droits. Dès lors, guerre intestine dans la cité. L'évêque et ses partisans (lignage de Port-Sailly) furent chassés de la ville, et forcés de se réfugier sur la montagne Saint-Germain, au-dessus de Châtel, où ils soutinrent un siége de trois ans. Ils implorèrent le secours des comtes d'*Arrestain* et de *Hambourg*, qui traversèrent la Moselle pendant la nuit, avec une petite armée; mais à peine eurent-ils passé cette rivière, qu'elle éprouva une crue subite si considérable, que le débordement dura huit jours. *Chose miraculeuse,* disent les chroniqueurs, *car les assiégés manquant de vivres, une heure plus tard,* eussent été forcés de se rendre. Nous aurons peut-être occasion de discuter un jour ce point intéressant de notre histoire.

En 1333, *par toutte Lhoraine et Barrois, furent de merveilleux vents, tonnoires, gresle et fouldre, en sorte que les eglises et ediffices tomboient en divers lieux. Et la riviere de Meuse augmenta aussy au long et par-dessus les rivieres de Muzelle, Saille et aultres rivieres, tellement que le vent en plusieurs lieux abattit certains ponts, passaiges, mollins et aultres maisonnaiges estant sur icelles rivieres.* (Chronique de Jean Aubrion.)

En 1364, au dire du même chroniqueur, *l'yawe de la*

riviere de Muzelle et de Saille et pareillement des aultres rivieres furent si demesurement grandes et hors de rive, que c'estoit chose merveilleuse et incredible a ceulx qui ne l'auroient vue.

Neuf années plus tard (1373), tous les cours d'eau débordèrent successivement en Europe, *de sorte que depuis le deluge, les yawes ne furent oncque si grandes:* la Moselle s'étendit depuis la porte du Pont-des-Morts jusqu'à Woippy, Saint-Éloi, etc.; ce ne fut qu'après trois jours et trois nuits que l'inondation diminua.

En 1398, grands débordements des rivières *qui en d'aulcuns lieux emmenoient les maisons avec les habitants d'icelles, et furent tous les bleds perdus et emmenés, dont il avint grant chier tamps et courut grieve malladie de pestilance.* Ce fait, extrait des chroniques de Philippe Gérard de Vigneulles, n'a pas été reproduit dans le livre de M. Huguenin.

En 1399, *les yawes furent cy grandes a l'entour de Mets, et tellement hors de rive, que le v.e jour d'apvril elles entroient en Mets par la pourte a Maizelle et couroient aval la rue, et avec ce le champ Nemmery en estoit cy plain, qu'elles montoient de tout cousté en baisle des murs de la cité par-dessus les creneaulx.* (Philippe Gérard.)

En 1402, le 7 mai, après deux jours de pluie seulement, les eaux de la Moselle devinrent plus fortes qu'elles n'avaient été pendant tout le cours de la mauvaise saison. Il fallait une nacelle pour se rendre au Ban-Saint-Martin.

En 1421, le jour de la Sainte-Barbe, 4 décembre, il plut avec tant d'abondance que le ciel semblait se fondre en eau. Le 13, la Moselle avait atteint une hauteur telle qu'on ne voyait plus les arches du Pont-des-Morts ni celles du Pontifroy. L'eau dépassait les fossés de notre ville et pénétrait dans la paroisse Saint-Marcel, en se frayant un passage au-dessus d'un mur d'enceinte qu'on voyait jadis derrière le *couvent des Pucelles.*

En 1424, *advint ung grand deluge et une villaine enffondure en Mets, car la vanne de Wauldrynawe fut tellement rompue, que depuis l'encommencement de mars en jusques au jour S.t-Christophe, les yawes estoient tellement petittes en la cité, que on alloit a pied seiche depuis ladicte Wauldrynawe en jusques au pont S.t-Georges et plus.* Dans un tel état de choses, les administrateurs de la ville de Metz craignant pour l'avenir une famine qu'amènerait inévitablement le défaut de mouture, firent reconstruire la digue de Wadrineau, et commandèrent *les bonnes gens du pays pour y aller à crowée.* La cité prit en même temps les moulins à son compte.

En 1427, *advint que en Mets et ès pays joindants, les yawes des rivieres furent si grandes et hors de rive, que la riviere de Muzelle se estendoit en jusques aux trois ormes qui alors estoient aupres et en allant à Sainct-Martin devant Mets. Et tellement estoit grande, que on ne veoit point le port Quinquoraille, à cause qu'il estoit tout cowert d'icelle yawe. Et fut ce environ la Sainct Jehan Baptiste, et aux plus grands jours d'esté. Et advint ainsy ycelle yawe souldainement pour ce que en ce temps il pleut par l'espace de* XXXII *heures sans cesser. Et au chief de* VIII *jours furent encor aussy grandes comme elles avoient esté au par avant. Et pareillement ledit an devant la Sainct-Remey retournairent arriere grandes comme devant.*

L'année suivante, nouveau débordement des rivières de la Lorraine et du Pays-Messin.

En 1444, au mois de mai, quelque temps avant que les armées combinées de Charles VII et de René d'Anjou, duc de Lorraine, vinssent envahir le val de Metz et assiéger cette ville, il tomba des pluies abondantes qui rendirent la navigation difficile.

Le 15 mai 1453, année tardive, puisque les *serisiers, les pruniers et les amandelliers acommençoient* seulement à fleurir, une inondation des plus grandes affligea les vallées de la Moselle, de la Seille, de la Nied, de la Sarre et de la Meurthe; tous les celliers étaient pleins d'eau; on voyait des barils sortir des caves et voguer au gré des flots, avec une infinité de planches, de fagots, de meubles et d'autres objets. Aux Rogations, il a été impossible, en raison du débordement des rivières, de porter les croix *sus Sainct-Quointin, comme on avoit accoustumé de faire d'ancienneté.*

Le 1.er janvier 1470, après un mois de forte gelée, *le temps se muoit*, dit un chroniqueur du pays, la pluie commença bientôt, et *le douzieme jour de janvier, il pleut tant que la glaice de la riviere de Muzelle rompit, et de grant force alla hurteir contre la vanne de Waldrinowe.* Cette vanne brisée dans une étendue de 60 pieds, il *ne venoit goutte d'yawe a Mets*, et l'on était obligé de moudre aux moulins à chevaux établis en Franconrue, ainsi qu'aux moulins de Haute et Basse-Seille.

La gelée reprit peu après cet accident; elle dura jusqu'aux derniers jours de février, époque où survinrent des pluies abondantes. Le 1.er mars, les eaux de la Moselle étaient si fortes et parcouraient les rues de Metz avec une telle violence, qu'elles rompirent le pont de bois des moulins neufs.

En 1476, *il fist si grant chaleur qu'on ne pouvoit dureir, et estoit la terre si secque, à la Magdellaine, qu'il sembloit de l'isle du Pont des Morts que ce fust une piece de terre labourable.*

Au mois de juin 1480, des pluies continuelles avaient amené une forte inondation et fait naître de vives inquiétudes. Le jour de la dédicace de Saint-Sauveur, l'évêque ordonna une procession générale *en bonne devotion*, qui devait sortir par la porte Saint-Thiébault et rentrer par la porte Serpenoise; *mais il fist une pluie et temps si impetueulx, qu'ilz ne polrent alleir hors de Mets par les portes.* De la cathédrale on se rendit à Saint-Jacques, à Saint-Sauveur, puis on revint *en la grande eglise, où il y eult une grande messe chantée et une predication faicte pour amonesteir ung chescun a penitence.* Cependant, les pluies continuaient; les prairies arrosées par la Seille et la Nied devenaient inabordables, et chacun criait au sinistre, lorsqu'aux mois de juillet et d'août, *il pleut fort et tant, que les yawes furent plus grandes qu'elles n'avoient esté, passé quarante ans. Et fut Muzelle si demesurement grande, qu'elle couvroit dedans Mets le Saulcis, et au long de la riviere y eult plusieurs maisons peries; et firent les yawes et rivieres en beaulcopt de lieux de gros domaiges, et furent perdus aux champs la plus part des bleids, pois et feves par force de pluye. Et furent les nouvelles apportées a Mets que depuis Baisle, pres de Suisse, jusques à Colloigne, au long du Rin, les yawes avoient amené beaulcopt de maisons des villaiges, et estoient plusieurs personnes peries; et y avoit grans domaiges enz murailles et tours de Strasbourg et de Couvellance* (1).

En 1483, des pluies abondantes amenèrent de nouveaux désastres le long de la Moselle. Le 25 juillet, l'eau avait pénétré dans les rues, rempli les celliers d'Épinal et de toutes les localités riveraines; le surlendemain, Pont-à-Mousson et Metz étaient également inondés.

Du 1.er au 17 novembre de la même année, la pluie ne cessa pas de tomber en grande abondance; elle fut

(1) Coblentz.

suivie d'un vent si terrible *qu'il sembloit que le monde deust fineir; et dura icelluy temps cinq jours et cinq nuits entiers, et pleuvoit tousjours. Et furent les yawes si grandes que l'isle devant le Pont des Morts estoit toutte couverte, et le grant Saulcis qui estoit lors devant le Pont des Morts: et ne pouvoient les gens de Mets alleir au vaul* (1), *ni les gens du vaul venir à Mets.*

En 1488, nouvelles inondations, précédées de pluies qui avaient empêché de terminer la représentation d'un mystère sur la place de Chambre. *Le temps se empira tousjours, et se mist si fort à la pluye et dura si longuement, que l'on ne pouvoit alleir a piedz ni a chevaulx.*

On rechercha la cause de tant de calamités. Elles furent attribuées aux sorciers et aux sorcières ; et, en moins de six semaines, vingt-sept de ces malheureux furent brûlés vifs à Metz ainsi qu'aux environs. Une grande procession eut lieu le long de la Moselle, jusqu'à la ferme de Saint-Éloi ; *ce que on n'avoit jamais veu faire;* des prières, des jeûnes publics furent ordonnés ; mais rien ne parut désarmer la colère céleste.

Le quatorziesme, quinziesme et seiziesme jours de novembre 1489, il pleut tant et si fort que les yawes furent hors de rives et aussy grandes qu'elles avoient esté, passé trente ans par avant. Philippe Gérard de Vigneulles, qui rapporte ce fait, revenait alors d'un voyage en Italie, *et eut*, dit-il, *grant peine à passer, pour les yawes; car, par toute la Lombairdie et Savoye, et aussy depuis Lyon jusqu'a Mets, tous ruissiaulx estoient petites rivieres, et estoient touttes aultres rivieres hors de leur canal et rivaige.*

L'année 1490 reçut le nom d'*année des grandes neiges.* Le dernier jour de janvier, elles commencèrent à fondre. Des inondations énormes eurent lieu de toutes parts, *et fu-*

(1) La vallée.

rent les yawes sy hors de rive que hôme vivant ne pouvoit venir ny aller; et firent lesd. yawes plus.[rs] *grant et grief dopmaiges*, *entre lesquelles elles amenairent les mollins de Pont a Mousson au loing de la ripviere a la vallée*, *et rompirent les ponts du Salcey a Mets et plus.*[rs] *aultres ediffices alving de l'yawe.* M. Huguenin, dans son recueil de chroniques, a omis ce fait, qui se trouve néanmoins rapporté par Philippe Gérard. (*Voyez la chronique manuscrite de la bibliothèque de Metz.*)

Le dernier jour de janvier 1491, la fonte des neiges fut si rapide, que des nappes d'eau considérables envahirent les habitations riveraines de la Moselle et de la Sarre. A Metz, les habitants furent deux jours et deux nuits occupés à donner un libre écoulement au liquide; *et quant les glaces se rompirent, les yawes furent si grandes que les mollins de Pont a Mousson en vinrent a l'avallée jusques a Joiey; et y eult beaucolpt de maisons qui s'en allont aval l'yaue, des villaiges sur la riviere; et y eult des ponts du Saulcis emmenez et rompus. Et disoit on qu'il y avoit soixante ans que les yawes n'avoient esté si grandes; car Muzelle alloit tout parmis Longeville et jusques a Sainct Martin et Woippey.* (Philippe Gérard.)

Aux mois de juillet et d'août 1493, la chaleur fut si forte que le lit des rivières se dessécha presque entièrement. La Seille et la Moselle *en aulcuns lieux n'estoient point si larges que ung ruysseaul.*

En 1495, au retour d'une procession, on trouva la Moselle tellement débordée, qu'il fut impossible de rentrer à Metz sans avoir de l'eau jusqu'aux genoux. Deux hommes s'offrirent pour porter ceux qui craignaient de se mouiller, *et ils reçurent d'un chacun deux angevines.* A cette époque, il n'y avait pas encore de *Dames-Blanches* sur la route de Longeville.

Deux années plus tard, *la vigille de la Chandelleur* (1.er février 1497), au milieu de la nuit, les glaces de la Moselle s'étant rompues, arrivèrent à Metz en si grande abondance devant le barrage du Moyen-Pont, qu'il fallut se hâter d'élever les écluses, de séparer et de briser la glace, car *aultrement elle estrangloit et estouppoit les arches*. Cette glace présentait plus de deux pieds d'épaisseur ; le courant marchait avec une telle rapidité, qu'elle rompit le pont de bois servant de passage entre le petit Saulcy et le moulin à vent (moulin du Therme). Le pont fut entraîné à plus de 80 pieds.

En 1500, après une *tres aspre gellée*, depuis la Saint-Martin (11 novembre) jusqu'au 15 décembre, *se deffist le temps et se mist a la pluye tellement que, avec les neiges et les glaices qui fondoient, les yawes devinrent si grandes et les rivieres si hors de rives, depuis ce jour jusques a Noel, que nul ne pouvoit saillir ni entrer en Mets. Et n'y avoit homme qui les ait vues si grandes, tellement que, au jour de Sainct Thomas l'apostre, devant Noel, la largeur de Muzelle s'estendoit depuis les Wassieulx la où se deschargent les sapins, jusques aupres de Sainct Martin devant Mets et tout permey le pré Sainct Soibert; et en aultre lieu, depuis la porte du pont Remond jusques aupres de l'eglise de Sainct Eloy. Et sembloit que ce fust une mer ou ung lac; car on ne veoit que ciel et yawe de bien loing. Et ne veoit on de toutte l'isle du Pont des Morts qu'une partie de la croix avec les louves qui sont taillées en grosse pierre carrée dessus le Pont aux Loups. Saille aussy estoit si hors de rives qu'elle venoit par les rues jusques tout devant Mets; et n'y avoit homme qui sceust sortir hors par la porte a Maizelle ni a pied ni a cheval. Et lors les maisons du bourg d'icelle porte estoient touttes en l'yawe jusques a la premiere traveure.*

Au mois de mars 1502, après une forte gelée qui dura trente à quarante jours, il tomba de la neige en si grande abondance *qu'il n'estoit possible qu'on sceust aller par voye ne par chemin;* le froid avait une telle intensité, qu'on trouvait les bêtes sauvages *mortes par les champs*, et qu'on ne put *peschier nul estang durant le caresme*. Mais tout-à-coup, *a la mitte du mois de mars*, la température devint douce, un dégel rapide s'en suivit, et les eaux atteignirent une telle hauteur qu'elles *couroient tout le plain pays, et autant en plus que l'an precedent mil V.*[c], on ne voyait plus que le parapet des ponts; celliers, étages supérieurs des maisons riveraines, greniers même, tout était envahi par les eaux; l'industrie fit des pertes immenses, surtout les tisserands, les tanneurs et les teinturiers. (Chronique de Philippe Gérard.)

Ces inondations successives minaient sourdement les murailles de la ville, surtout lorsque les glaces amoncelées contre les portières arrêtaient les eaux. Ainsi à la porte des Allemands, construite depuis peu par Ranconval, il y avait alors, entre elle et le *billouairt* (rempart), deux portières étroites qu'on fermait à volonté, *pour et affin de remplir les foussés d'yawe*. L'écoulement s'opérait très-bien dans les temps ordinaires; mais, pour peu qu'il y eût des glaces ou des eaux considérables, elles faisaient *de grans dopmaiges* aux fossés et aux fondations de cette porte. En 1503, les gouverneurs des murailles abandonnèrent *l'œuvre du billouairt de porte Champenoise* (Serpenoise) *nouvellement acomencé, ou aultrement les tours du billouairt des Allemans s'en fussent venues ès foussés par les grandes et parfondes fousses que icelle yawe, venant d'icelles portieres, avoit faictes esdits foussés, et tout par dessoulz une partie des fondemens d'icelles tours et billouairt.*

Cet ouvrage coûta *maints deniers a la cité*, d'autant

plus qu'après d'immenses travaux décrits avec soin par les chroniqueurs de l'époque, les eaux de l'hiver suivant entraînèrent *jusques a la porte Dame Collette* tout ce qui avait été fait. On recommença donc sur de nouveaux frais, et à la place des portières, on construisit sous l'arche du pont une grande ouverture avec *ung vental; de laquelle chose les habitans de la vigne Saint-Avold, et tous ceulx et celles qui ont maisons par dedans Mets au long de Saille furent bien joyeulx.*

En 1515, depuis le 2 février jusqu'au 2 mai, il ne tomba pas une goutte de pluie, et la Moselle devint plus basse qu'elle ne l'est ordinairement par les grandes chaleurs de l'été. Toute navigation fut interrompue. Il en arriva de même au mois de mai; *et disoit le peuple que si Dieu n'y mettoit remede, que l'eaue cousteroit plus que le vin.* C'était pitié, continue le même chroniqueur, *d'ouyr les pleurs et lamentations des poures gens, tant pour eulx que pour leurs bestes, et ne sçavoient a quoi se prendre.* Sur la fin du printemps, des pluies continuelles succédèrent à cette grande sécheresse, et l'on éprouva des malheurs d'un autre genre; mais aucun désastre ne saurait être comparé au débordement de 1523.

Toutes les chroniques s'accordent à le nommer *le grand deluge*. Les gnostiques avaient assuré que vers l'année 1523, *se devoit faire un grand deluge, et devoit la pluie estre si grosse, et d'aussi grosses goûtes comme la tete d'un homme, qu'elles seroient suffisantes pour tuer hommes et betes, a cause de quoi furent confessées et administrées plus de cinq cens personnes, et aucunes avoient si grande peur qu'elles ne dormoient au lit. Et de fait, furent les rivieres si grosses qu'on ne les avoit jamais vu si hors de rives; car elles s'estendoient depuis le Pont des Morts, voir depuis les murailles d'Anglemur, jusqu'au trou des*

Charmain, et de la le prés Sainct Hoibert, jusques dans les vignes, et ne voyoit on qu'eawx depuis Joy jusqu'a Thionville; toutes les maisons estoient pleines d'eaux, et fuyoit on toutes choses en hauts lieux, comme Saincte Seglaine, Saincte Croix. Et lors foisoient force processions et devotions. Et en ce temps, au gras temps, ne fit on nulles rejouissances non plus qu'au caresme.

Ce fait, rapporté par le chroniqueur Philippe Gérard, ne se trouve pas dans le recueil de M. Huguenin.

Depuis le milieu du XVI.e siècle, on fut moins attentif à recueillir ces sortes d'observations. De nos jours on en reconnaît l'utilité. Mais quand pourra-t-on se flatter d'être aussi savant que les *gnostiques* de 1523.

Après la mort de notre consciencieux chroniqueur Philippe Gérard de Vigneulles, personne, en Lorraine, ne paraît avoir recueilli des observations sur le mouvement d'élévation et d'abaissement des eaux de la Moselle. Il faut franchir un siècle, et arriver au journal manuscrit de dom Floret.

Ce bénédictin nous apprend qu'en l'année 1624, il y eut des pluies abondantes, et que le 25 juillet, fête de Sainte-Glossinde, on fit à Metz une procession générale avec la châsse de sainte Sérène pour obtenir un temps plus favorable.

Le 29 juin 1627, on promena, pour la même cause, les châsses de sainte Sérène et de saint Étienne, patron du diocèse.

Le 25 juillet 1628, des pluies et des inondations considérables amenèrent de nouvelles dévotions.

Le 13 juillet 1654, une haute montagne située au nord de l'abbaye de Senones s'étant subitement ouverte, il en sortit, depuis le matin jusqu'au soir, une telle quantité d'eau, qu'elle entraîna sur son passage beaucoup de bois, plusieurs ponts et plusieurs moulins. La Meurthe et la Moselle atteignirent une hauteur prodigieuse ; l'inondation dura trois jours.

Le silence des annalistes m'obligeant à franchir les trois quarts d'un siècle, j'arrive à l'inondation du mois de juillet 1734, mentionnée par les *Annales de Baltus* (1) page 34. Les eaux de toutes nos rivières se sont élevées à 14 pieds au-dessus de leur lit habituel.

En 1736, dit le même annaliste, au mois de juillet, il y eut une inondation très-considérable causée par une éruption d'eau du sein de la terre, et presque sans pluies précédentes. « Deux fois vingt-quatre heures auparavant, les plus petites sources ont été extrêmement abondantes, et le lendemain les ruisseaux excédaient leur lit et formaient des torrents. » A la campagne, quantité de maisons voisines de la Moselle ont été détruites ; les objets entraînés par les eaux ayant fait un barrage devant les ponts, ces dernières ont reflué dans Épinal et dans la ville de Metz au point de couvrir d'un pied d'eau le fort de la Double-Couronne. Cette inondation, presque générale en Europe, n'a duré que vingt-quatre heures.

Le 17 et le 18 octobre 1740, quoique les pluies n'eussent pas été abondantes, on vit tout à coup la Moselle et la Seille grossir au point de dépasser leurs rives. Mais à Noël, des inondations bien plus considérables affligèrent nos contrées. A Metz, l'eau pénétra par les brèches faites aux murailles d'enceinte qu'on réparait alors du côté de la Seille. Cette rivière monta de 16 pieds dans la partie basse de la rue du Champé ; les habitants, réfugiés dans leurs greniers, y demeurèrent trois jours ; l'eau parcourut en torrent fougueux la rue des Célestins, la rue de la Made-

(1) *Annales de Metz*, depuis l'an 1724 inclusivement, par feu M. Baltus, etc. ; in-4.° faisant suite indispensable à l'*Histoire de Metz* des bénédictins. — Metz, imprimerie de C. Lamort. 1789.

laine, celle de la Vigne-Saint-Avold, et couvrit de plusieurs pieds la place des Charrons. On la voyait sortir des allées de la Vigne-Saint-Avold qui aboutissent à la Seille, puis rentrer dans son lit par l'ancien abreuvoir de la place des Charrons. (*Annales de Baltus*, p. 78—79.)

La Moselle ne s'est pas élevée à une hauteur moindre que la Seille, car elle dépassa de 5 pieds 11 pouces la cape du mur de la digue de Wadrineau. Le Ban-Saint-Martin et presque toute la plaine de Thionville furent inondés.

Le 16 juillet 1750, un petit ruisseau qui traverse la ville de Sierck (le ruisseau de Montenach), et qui, dans les temps ordinaires, n'a pas plus de 0,9745 mètres d'eau à son embouchure, se gonfla tout à coup si prodigieusement, que l'eau dépassa 7 mètres sur une largeur d'environ 77 mètres. Elle renversa la muraille d'enceinte de la ville, une tour adjacente, ainsi que toutes les maisons qui se trouvèrent sur son passage. Sa sortie par cette brèche fut tellement impétueuse, qu'elle suspendit pendant quelques minutes le cours de la Moselle, et porta de l'autre côté de la rivière les décombres des bâtiments qu'elle venait d'enlever. Trente-trois maisons furent absolument rasées, et vingt-sept ruinées au point qu'il fallut les abattre pour les empêcher de s'écrouler. Il n'y eut heureusement que vingt et une personnes noyées, parce que la catastrophe arriva en plein jour. Voici les réflexions faites à cette occasion par M. de Tressan:

« Le ruisseau qui passe à Sierck reçoit les eaux de trois montagnes, lesquelles, prises ensemble, ne composent point deux lieues carrées de surface. On n'aperçoit sur ces montagnes aucun étang, aucun réservoir dont l'écoulement subit ait pu donner lieu à l'inondation. Il n'avait point plu de toute la journée aux environs. On avait seulement senti quelques coups de vent. Un bois qui couronne la montagne la plus élevée avait paru couvert d'un nuage noir fort épais. Toutes les ravines qui ont fourni à l'inondation, paraissent avoir tiré leur origine du milieu de ce bois. Ces raisons firent conjecturer à l'illustre académicien que la masse d'eau tombée tout à coup pouvait bien être due à une trombe qui se serait déchargée sur la montagne. »

Du 14 au 15 mars 1751, les eaux de la Moselle se sont élevées au-dessus de la digue de Wadrineau à 5 pieds 2 pouces, près de la cape du mur qui lui sert de bajoyer; et, au-dessus de cette même digue, à 1 pied 9 pouces, près de la cape du mur qui forme le revêtement de la levée bordant le pré. A l'endroit du tirage des bois de marnage, les eaux ont atteint le chapeau du pilotage dans la partie supérieure, et effleuré la crête de la chaussée qui contient les eaux de la rivière.

En 1758, une inondation considérable eut lieu sur les rives de la même rivière. On lit dans un mémoire manuscrit du temps :

« Le 22 juillet, jour de la Madelaine, après vingt et un jours de pluie presque continuelle, les eaux de la rivière de Moselle devinrent si hautes, que le village de Longeville fut inondé, ainsi que toute la plaine entre le village et le coteau de Montigny. Le Cours, la plaine du Ban-Saint-Martin le fut aussi. L'eau était sur une partie de la largeur de la chaussée de Paris, au bout du Cours, vers le village de Longeville, et elle commençait à entrer au-dedans de la ville neuve par les portes des rampes de l'abreuvoir. Elle s'est élevée dans la ville au-dessus de l'écluse de la porte aux chevaux jusqu'à 10 pouces près de l'aire du pavé de Servigny fait sous le périptère de l'hôtel des spectacles; et au-dessous de ladite écluse, elle montait jusqu'au-dessus du bordage, près l'escalier qui joint la maison de M. de Courcelles: ce point est de 5 pieds 8 pouces plus bas que le pavé du périptère, selon le nivellement fait le 24 dudit mois. Ainsi, la hauteur des eaux du bassin supérieur sur celles du bassin inférieur était de 4 pieds 10 pouces. L'eau du canal qui fournit aux moulins attenant à l'Intendance, venait jusqu'auprès du seuil de la porte d'entrée du porche qui est sur la place de l'hôtel des spectacles, par où l'on entre auxdits moulins; elle s'échappait par le coursier de l'ancien pilon d'écorce, après avoir passé par-dessus son bordage en amont.» (*Archives de la commune de Metz.*)

Mais ce sinistre ne saurait être comparé au *déluge de la Sainte-Anne* arrivé le 26 juillet 1770.

Le printemps avait été très-pluvieux; beaucoup de sources se montraient dans les Vosges sur des points où il n'en existait pas, et la terre imbibée semblait incapable d'absorber de nouvelles eaux. Ce fut le 25 juillet, par un beau soleil, espoir trompeur des campagnards, qu'une nuée sombre s'élevant au-dessus de Plombières, à la gauche du chemin qui va de cette ville à Remiremont, fournit tout à coup une pluie des plus considérables. La nuit suivante, les sources se gonflèrent, toute la gorge de Plombières fut inondée; le pont et la route formèrent une digue qui se rompit bientôt; des débris accumulés descendirent avec fracas dans la ville, dépavant la rue et frappant les maisons d'une manière si violente, qu'il y en eut vingt-deux qui s'écroulèrent. « Il y avoit six pieds de hauteur d'eau dans le couvent des pères capucins, et de même à proportion dans les autres maisons. Sept personnes furent noyées dans cette affreuse nuit. Beaucoup de baignants se sauvèrent en chemise dans les granges et dans les petites maisons situées sur les montagnes; quantité de riches marchandises et de meubles furent perdus; la plupart des habitants se sont trouvés nuds, sans avoir le moment de se couvrir pour se sauver du danger qui étoit si imminent et si effrayant, que les uns perçoient les murs des maisons voisines pour y faire un passage. Des personnes impotentes qui ne pouvoient marcher la veille sans aide, se sauvèrent seules, sans aucun secours, du péril qui les menaçoit. Tous gémissoient dans cette triste nuit; l'époux demandoit après son épouse, les pères et mères après leurs chers enfants. Enfin l'ensemble formoit un tableau de la plus grande horreur. Tous les voisins se regardoient en silence; la pâleur était tellement peinte sur le visage d'un chacun, qu'on eût dit que la maladie la plus cruelle y régnoit depuis bien long-temps. »

C'est ainsi que s'exprime dom Pierre Tailly, témoin oculaire du fait qu'il rapporte (1).

L'intendant Galaizière et l'ingénieur Deklier-Dellille se rendirent en hâte à Plombières pour décombler les bains, relever les maisons et administrer des secours. Stanislas fit reconstruire à ses frais toutes les façades, et une ville nouvelle sembla surgir du sein des ruines.

Mais les ravages des eaux furent bien loin de se borner à Plombières. « Tous les ponts, tous les barrages, dit M. Parisot (2), la plupart des moulins de la vallée de Cleurie, qui se prolonge du Tholy à Saint-Amé, ont été entraînés. Une montagne sablonneuse qui domine cette longue vallée, minée par le torrent, s'est éboulée en partie, et trois maisons ont été ensevelies sous ses débris. Le propriétaire de ces maisons était parti la veille: le lendemain, à son retour, il eut peine à en reconnaître la place. Un malheur beaucoup plus sensible encore attendait cet infortuné! sa femme, ses enfants, ses domestiques, ses bestiaux, tout avait été écrasé ou noyé.

(1) *Lettres vosgiennes*, in-18, 1789, imprimerie de veuve Monnoyer, à Neufchâteau. Voir p. XXII et suiv.

(2) Voir l'*Annuaire du département des Vosges* pour 1825, p. 293 et suiv.

« A Saint-Amé, un meunier, nommé *Claudon*, s'était réfugié sur le dernier mur qui restât debout de sa maison, avec sa femme et ses deux enfants, dont l'un au berceau : ils attendaient, en se recommandant au ciel, le moment terrible de leur séparation éternelle. Hélas! ce moment était arrivé! la femme et les deux enfants furent engloutis et disparurent; l'homme plus fort lutta long-temps au milieu des vagues, et resta suspendu au haut d'un arbre, dans la plaine de Peccavillers. Le lendemain matin on alla à son secours avec un radeau, et on eût le bonheur de le sauver. Une chose presque incroyable, s'il ne restait encore aujourd'hui des témoins oculaires qui l'attestent, c'est que les meules de son moulin furent retrouvées à plus d'un quart de lieue de distance, de l'autre côté de la rivière.

« Dans la commune d'Éloyes, un fermier, nommé *Humbert*, s'était sauvé sur le toit de sa maison avec sa femme et ses enfants, en criant au secours; l'eau les y suivit; le vent éteignit leur lumière, et tous périrent dans cette nuit d'horreur.

« A Épinal, il avait fait très-beau tout le jour; il commença à tomber quelques gouttes de pluie vers les quatre heures; cette pluie devint ensuite assez forte, mais non violente; elle cessa à neuf heures du soir. On ne fut donc pas peu surpris lorsque, vers les dix heures et demie, on vit les eaux de la Moselle descendre en masse et s'élever tout à coup à une hauteur effrayante. Elles couvraient entièrement la promenade du Cours et la plus grande partie de la Petite-Ville; elles charriaient des meubles, des voitures, des roues de moulin, des bestiaux, des berceaux, des cadavres. Le pont des Quatre-Nations fut emporté ainsi que celui de l'Hôpital, et le Grand-Pont considérablement endommagé. Le désastre eût été beaucoup plus funeste sans une large brèche qui s'ouvrit dans les vannes, au-dessous de ce pont, ce qui fit baisser de suite le niveau de l'eau dans les rues. On a remarqué que la baisse des eaux fut aussi prompte que leur crue. Les minimes célébrèrent une messe à deux heures du matin, et bénirent sur la porte de leur église le peuple et les eaux. »

De toutes les inondations que nous avons citées précédemment, aucune n'a laissé de traces plus profondes que le déluge de Saint-Crépin. « Il arriva le dimanche 25 octobre 1778, à la suite d'un automne pluvieux, et précédé immédiatement de cinq jours consécutifs de pluie, dont les deux derniers accompagnés de tonnerre, d'éclairs, de coups de vent et d'averses impétueuses.

« Le 25, entre trois et quatre heures du soir, les eaux commencèrent à devenir effrayantes dans la ville d'Épinal. Le grand pont du Cours se détacha, et ses débris entraînèrent celui du Corps-de-Garde. Les ponts sur le canal, au nombre de quatre, éprouvèrent bientôt la même fatalité, de sorte qu'à cinq heures, la Petite-Ville, en butte à la force irrésistible et constamment croissante des flots, devint une île dont on ne pouvait plus sortir.

« Cinquante-deux maisons furent entraînées, en tout ou en partie; la place même de quelques-unes disparut. Les jardins nombreux qui entourent la ville ont été presque tous ravagés; murs de clôture, arbres, maisonnettes, tout fut rasé; des amas de cailloux, des excavations profondes, remplacèrent des terrains naguère embellis par une culture riche et variée.

« A l'exception de la débâcle des ponts, tous les ravages ont eu lieu pendant la nuit. L'obscurité la plus profonde voilait cette scène d'horreur, éclairée seulement, à de longs intervalles, par les feux de la foudre.

« Les eaux, dit M. Parisot, sont montées jusqu'à minuit; elles étaient, dans leur maximum, à 4 mètres 98 centimètres (15 pieds) au-dessus de leur niveau ordinaire.

« On perçait les murs quand la maison voisine menaçait ruine, et on se communiquait ses alarmes d'un grenier à un autre. Les époux, les pères, les enfants, tous enfin, riches ou pauvres, amis ou ennemis, s'embrassaient et se faisaient des adieux qu'ils croyaient éternels, environnés qu'ils étaient par les flots rugissants, sans aucune issue pour s'échapper, et entendant à chaque minute les édifices crouler près d'eux.

« Les minimes dirent une messe à minuit, et le son de leurs cloches apprit aux habitants de la Grande-Ville que la Petite existait encore. L'église de ces religieux, quoique élevée de huit marches au-dessus de la rue, était inondée jusqu'au sanctuaire. Les habitants logés dans le voisinage imploraient à grands cris l'absolution de ces bons pères, en s'avouant pécheurs. Un d'eux, le respectable père *Lambert*, s'avance au milieu des ondes jusque sur le seuil de la porte; il prononce les mots sacramentaux, bénit le peuple, s'interpose entre Dieu et les hommes; mais trop faible pour cette fonction auguste dans des circonstances aussi terribles, ses genoux fléchissent, et il tombe privé de sentiment.

« Une seule personne perdit la vie, mais la santé d'un grand nombre fut long-temps altérée par la violence de cette crise.

« Les vannes qui obstruaient alors le lit principal de la rivière, entre les deux villes, ayant été entraînées, du moins en grande partie, on a eu la sagesse de ne plus les reconstruire, et depuis ce temps, la ville chef-lieu n'est plus exposée à de semblables désastres. » (*Annuaire des Vosges* pour 1824.)

Le 26 octobre, l'inondation avait gagné le val de Metz. Voici le procès-verbal rédigé à cette occasion par M. Gardeur-Lebrun, ingénieur de la ville :

« Aujourd'hui 27 octobre 1778, à l'occasion de la crue

extraordinaire des eaux de la rivière de Moselle, qui dans le jour d'hier étant arrivées, à midi et demi, à la hauteur des plus grandes crues dont on ait connaissance, se sont portées, depuis ce moment, jusque vers onze heures du soir, à une élévation beaucoup plus considérable, nous Charles-Nicolas Camus, conseiller-échevin de l'hôtel-de-ville de Metz, commissaire en cette partie, nous sommes transporté vers onze heures du matin au poids de la ville, à l'effet de reconnaître exactement le point de la plus grande hauteur où les eaux se sont élevées, et entendre les observations du fermier dudit poids, où étant accompagné du sieur Gardeur-Lebrun, ingénieur et inspecteur des bâtiments de la ville, et en présence de M. Maujean, procureur-syndic de la même ville, nous avons reconnu,

« 1.° Que lesdites eaux ont surmonté le pavé du périptère de la salle des spectacles de 18 pouces 6 lignes, mesuré contre le mur du bâtiment, et que, comme leur hauteur dans les plus grandes crues qui ont été observées, ne vient qu'à 5 ou 6 pouces en contrebas du même pavé, nous avons jugé que cette crue a élevé les eaux à 2 pieds au-dessus de la hauteur des plus grandes crues dont on ait mémoire;

« 2.° Que ces mêmes eaux qui sont entrées dans l'intérieur du magasin dudit poids, ont surmonté d'environ 1 pied le seuil de la plus grande porte d'entrée sur la place, et, à peu de chose près de la même hauteur, celui de la grande porte sur le port. Nous avons reconnu en même temps que, comme le pavé de ce magasin est tombé d'environ 6 pouces dans son milieu, il n'a été surmonté, dans ce même milieu, que d'environ 6 pouces; mais que le plancher par terre du bureau du fermier avait été couvert par une couche d'eau de 10 pouces; après quoi le sieur Janet, fermier, nous a observé qu'il s'est rendu ledit jour d'hier, 26 du présent mois, une heure après midi, à sa douane, pour veiller à la conservation des marchandises y déposées, et que, s'étant aperçu que les eaux de la rivière continuaient d'augmenter, il a formé lui même, avec le secours de deux ouvriers du sieur Pioche, son voisin, une digue en fumier au-devant de la grande porte du côté de la rivière; qu'ayant vu arriver l'eau par la grande porte d'entrée sur la place, il a pareillement fait un bâtardeau au dehors; qu'après avoir pourvu ainsi à ces deux points, il a travaillé sans relâche jusqu'à huit heures du soir, avec nombre d'ouvriers, à mettre sur des gîtes le plus de tonneaux et de ballots qu'il lui a été possible, etc..... »

Tout le littoral de la Moselle, depuis les Vosges jusqu'au Rhin, éprouva des dommages immenses : une foule d'individus périrent; plusieurs centaines de maisons furent entraînées; les ponts de Lunéville, Charmes, Frouard, etc., cédèrent à la violence des eaux; les magasins de bois de chauffage et de construction placés sur les rives de la rivière furent perdus; tous les villages des environs de Thionville demeurèrent submergés pendant plusieurs jours, et partie de cette ville fut inondée. A Sierck, l'eau s'éleva de 13 pieds. Le maire, M. de Schonen, oncle du baron de Schonen, pair de France, porta lui-même, au péril de sa vie, des secours aux malheureux qui étaient en danger. Son nom mérite une inscription dans les annales du courage et des vertus civiques.

Chose remarquable, le déluge de Saint-Crépin fut général en Europe. Je tiens d'un vieillard respectable, témoin oculaire, que le même jour, sans qu'il y ait eu la moindre pluie, les eaux de la Loire et de la Seine s'accrurent considérablement. Il en fut de même du Rhin, de la Meuse, de la Saône, et de leurs nombreux affluents.

En 1783 et 1784, l'abondance des glaces et des neiges

amena de nouvelles inondations. Voici quelques détails extraits d'un mémoire inédit de Gardeur-Lebrun (1) :

« Le froid qui s'est fait sentir dès le commencement de novembre 1783 a continué assez constamment, sans pourtant augmenter considérablement ; le thermomètre, pendant tout ce temps, n'étant descendu qu'à 4 ou 5 degrés au-dessous de zéro.

« Plusieurs beaux jours durant ce mois et le commencement de décembre faisaient penser, malgré l'augmentation du froid, que nous n'aurions pas beaucoup de neige, mais elle tomba très-abondamment vers le 26.

« Le froid augmenta en même temps, au point que le 30, le thermomètre s'est trouvé entre 17 et 18 degrés au-dessous de zéro.

« La température de janvier, à quelques jours de relâche près, s'est soutenue à un très-grand degré de froid ; la neige n'a presque pas discontinué de tomber en abondance. Le thermomètre est descendu à la fin de ce mois aussi bas que le 30 décembre.

« Les quatorze ou quinze premiers jours de février ont été presque continuellement neigeux ; la rigueur du froid a continué ; mais la gelée ayant diminué depuis le 16, la neige a commencé à fondre le 21.

« Le 23, le dégel a été annoncé par l'humidité de l'air, l'élévation insensible de la Moselle, et par une petite pluie qui est tombée pendant la nuit ; mais celle du 25, qui était plus grosse et accompagnée d'un vent sud-ouest très-fort, l'a décidé tout à fait.

---

(1) *Mémoire sur l'inondation de Metz causée par les neiges et les glaces de l'hiver de 1783 à 1784, lu en séance de l'Académie royale de Metz le lundi* 15 *mars* 1784. Cahier in-4.° de 23 pages, daté du 8 mars 1784.

« Les eaux se sont grossies très-vite, et la débâcle de la Moselle a commencé le même jour, 25, en passant d'abord sur la digue de Wadrineau, et ensuite sur celle des Pucelles. Des morceaux de glaçons d'une grandeur énorme, dont plusieurs avaient plus de 2 pieds d'épaisseur, occupaient presque toute l'étendue du canal de la Moselle, entre le Pont-des-Morts et le Pontifroy, et descendaient avec une vitesse de plus de 3 pieds par seconde.

« Le 26, la débâcle a continué avec force, et les eaux grossissaient toujours. La nuit du 26 au 27, elles se sont trouvées à leur plus grande élévation, s'étant portées alors à la hauteur du pavé du périptère de la Comédie.

« Le 27, à sept heures du matin, elles étaient diminuées d'environ 2 pouces. Peu de moments après, la portière du Therme fut levée à toute hauteur. Vers les dix heures, je fis lever d'environ 2 pieds les deux grandes portières de l'écluse du Saulcy, afin de laisser échapper à peu près autant d'eau par-dessous qu'il en passait au-dessus.

« Le 28, à neuf heures du matin, les eaux supérieures s'étant abaissées de 3 à 4 pouces, les inférieures se trouvèrent élevées au niveau du seuil du passage, près de la latrine publique de la porte aux chevaux, et à 6 pouces près du seuil de la grande porte de la cour du Palais-Royal. En cet état, la cataracte de l'écluse du Saulcy n'était plus que d'environ 2 pieds.

« En sortant par la porte de Chambière, pour voir l'état du Pont-Rouge que nous avions regardé étant sur le pont Royal ou des Basses-Grilles, nous ne pûmes y aborder à cause des eaux, mais il n'y paraissait alors aucune dégradation considérable.

« En rentrant dans la ville, nous trouvâmes que les pavillons détachés du quartier de Chambière, surtout celui du côté des fours, étaient entourés par les eaux; que ces mêmes eaux couvraient environ 20 toises de longueur, les deux bouts de la place entre les casernes, et qu'elles étaient presque à la hauteur du seuil des portes d'entrée des écuries de ces deux bouts inondés.

« En passant le long de l'hôpital militaire, nous vîmes l'eau au porche de son entrée ordinaire ; mais elle se terminait à une petite digue de fumier qu'on avait faite au commencement de la cour.

« Nous observâmes que les eaux touchaient au moment d'entrer dans les écuries de la grande caserne de cavalerie, mais elles n'y sont point arrivées.

« En rentrant dans la ville par le Pont-des-Morts, nous trouvâmes que les eaux surmontaient de quelques pouces la tablette extérieure du glacis coupé de la porte où aboutit ce pont.

« Étant montés sur le parapet de l'enceinte entre la porte du chantier au bois et la digue des Pucelles, nous reconnûmes que les eaux qui surmontaient les piles des dix passages d'eau de ce déversoir, ne formaient qu'une cataracte d'environ 1 pied 6 pouces, c'est-à-dire que la masse d'eau qui passait par la ville n'était élevée au-dessus de la masse de celle qui passait sous le Pont-des-Morts et le Pontifroy, que de 1 pied 6 pouces.

« Les eaux ayant baissé subitement dans l'après-midi de ce même jour 28, il est arrivé que la masse de glace qui couvrait toute l'étendue du canal entre l'écluse du Saulcy et la pointe du quinconce, a commencé à se rompre et à se morceler vers l'entrée de la nuit dudit jour 28 au 29.

« La débâcle de cette partie, qui n'a commencé qu'après minuit, était finie à la pointe du jour du 29, sans, pour ainsi dire, que les gens des environs de cet endroit s'en fussent aperçus.

« Tous les curieux furent étonnés de voir, dans la matinée du 29, ce canal parfaitement nettoyé, et dix ou douze bateaux qui avaient été enfermés dans la glace, entièrement débarrassés.

« Les eaux se trouvaient alors abaissées d'environ 2 pieds, tant à l'amont qu'à l'aval de cette écluse. Je laissai écouler les eaux pendant toute la journée du 1.er mars, lesquelles continuant à baisser, se trouvèrent le soir à plus de 3 pieds au-dessous du pavé du périptère de la Comédie.

« Le pilon à écorce travaillant déjà, je prévins, au même moment, le fermier des moulins qu'il pourrait moudre le lendemain, tant à la porte aux chevaux qu'aux trois tournants du moulin de l'Intendance.

« Le mardi 2 mars, on rabaissa vers neuf heures du matin les portières du Saulcy; le moulin de l'Intendance fut mis en activité sur le champ, et celui des quatre tournants ou de la porte aux chevaux a commencé à moudre dans l'après-midi.

« Le mercredi 3 mars, les meuniers remirent en leur place les arbres des roues à aubes du moulin Fabert ou petit moulin, lesquels avaient été dérangés pendant la débâcle. Les eaux de la Moselle étaient rentrées presque entièrement dans leur lit dès le soir du même jour; mais celles de la Seille étaient encore étendues dans tout l'espace destiné à être inondé en temps de siège.

« Enfin, le jeudi 4 mars, la portière du Therme ayant été abaissée, malgré la rupture des deux madriers d'en bas, et les eaux de la Moselle se soutenant à plein lit, tout est rentré dans la marche ordinaire pour pouvoir moudre à tous les moulins, lesquels se sont trouvés en activité le vendredi 5 mars, excepté les deux tournants à aubes du Therme.

« Cette inondation de la Moselle s'est portée au même point de hauteur où arrivent les grandes crues ordinaires de cette rivière, dont le repère est le pavé du périptère de la Comédie. Or, comme celle de 1778 s'est élevée de 18 pouces au-dessus du même pavé, les eaux de cette inondation extraordinaire se sont également portées au moins à 18 pouces au-dessus de tous les points de hauteur dont on vient de faire mention, tant en Chambière qu'à la ville neuve et dans les environs.

Je ne sache pas qu'avant l'an III de la république, de nouvelles inondations aient eu lieu. Le 9 pluviôse de cette année, dans l'après-midi, les eaux de la Moselle et de la Seille s'enflèrent extraordinairement sous l'influence d'une forte pluie. A Metz, la place de la Comédie et le Champé furent inondés ; les flottes de sapin placées entre la poudrerie et la digue, prises par les glaces auxquelles elles avaient servi de liens, arrêtaient les glaçons charriés par le cours de l'eau, et les obligeaient à se jeter sur la prairie, à franchir la digue, ou à glisser sous la glace. Heureusement, une forte gelée survenue le 11 prévint les malheurs qui n'eussent pas manqué d'arriver. Un nouveau dégel amena petit à petit le nivellement des eaux.

Les inondations qui se sont succédé depuis le commencement du dix-neuvième siècle ayant été décrites dans les Annuaires du pays, nous renvoyons à ces opuscules les personnes désireuses de compléter l'étude de la navigation mosellane.

LA MOSELLE.

POÈME DESCRIPTIF D'AUSONE,

TRADUIT PAR ÉMILE BÉGIN.

METZ,
CHEZ VERRONNAIS, IMPRIMEUR-LIBRAIRE ET LITHOGRAPHE,
Rue des Jardins, n.° 14.

La Moselle.*

Je venais, par une lumière nébuleuse, de passer la Nahe rapide. Après avoir contemplé avec admiration les nouvelles murailles ajoutées à cette ville antique où la Gaule éprouva un désastre semblable à celui de Cannes, où gisent encore des monceaux de cadavres privés de sépulture, je marchai, à travers les forêts, par des chemins que ne

(*) Ce poème, ainsi que les quatre poèmes sur la Moselle, composés au VI.e siècle par Venantius Fortunatus, évêque de Poitiers, seront publiés incessamment, avec le texte latin en regard, une critique philologique, des notes, et un plan de la Moselle romaine. 1 vol. in-12 de 300 pages.

foula jamais le pied d'un homme. Ayant ensuite traversé l'aride territoire de *Dumnisse*, les *Tavernes* arrosées par des sources qui ne tarissent jamais, et la contrée où vient de se fixer récemment une colonie de *Sarmates*, j'aperçus enfin, sur les frontières de la Belgique, la ville de *Nimègue*, camp célèbre de Constantin-le-Grand. L'air y est plus pur; le soleil parcourt avec éclat un horizon pourpré; vous ne rencontrez déjà plus ces massifs de feuillages entrelacés qui forment un dôme de verdure à travers lequel on cherche le ciel; et l'air, dégagé de nuages, ne s'oppose ni à la splendeur du jour, ni à l'éclat de l'atmosphère. Toutes ces choses frappèrent agréablement ma vue, je crus revoir ma patrie; et, dans ces villages qu'on dirait suspendus aux bords d'un fleuve, dans ces collines couvertes de vignes, dans ces belles eaux de la Moselle qui s'écoulent avec un silencieux murmure, il me sembla retrouver la campagne si brillante de Bordeaux.

Je te salue, fleuve digne d'éloges par les terres que tu arroses et par les habitants fixés sur tes bords. La Belgique t'est redevable d'une cité jugée digne de la résidence impériale; tes collines sont couvertes de vignes odoriférantes, et tes riants rivages forment de vertes prairies. Navigables comme l'Océan, rapides comme un fleuve, tes eaux présentent la transparence et la profondeur d'un lac; dans leur course, elles font entendre le frémissement des ruisseaux, et l'emportent, pour boisson, sur l'eau glacée des fontaines. Seule, ô Moselle, tu réunis les avantages qu'offrent séparément les fontaines, les ruisseaux, les fleuves, les lacs, et même l'Océan au double flux. Tu promènes des flots paisibles que n'agitent jamais le souffle du vent, ni le choc des rochers cachés. Ton lit n'offre pas ces inégalités profondes qu'il faudrait incessamment aplanir en précipitant ta course. On ne voit pas, au milieu de tes ondes, des terres amoncelées ralentir ta marche, ni former des îles qui pourraient, en te divisant, insulter à ton titre de fleuve, si bien mérité.

Tu présentes deux voies à la navigation, soit qu'en descendant ton cours, des rames agiles effleurent tes flots propices; soit qu'en remontant ton rivage, les matelots se fassent remorquer au moyen de câbles qu'ils attachent à l'extrémité des mâts de leurs bateaux. Étonnée de voir ton onde refoulée, n'as-tu pas cru que son cours naturel se trouvait arrêté? Cependant, des roseaux fangeux ne bordent point tes rives; on ne voit jamais ton onde, devenue paresseuse, déposer sur elles une vase immonde, et tes flots, ne se déviant jamais, arrosent des bords toujours purs.

Coule maintenant, ô Moselle, sur un lit formé d'un marbre rival de celui de Phrygie, et dont les rivages étalent de magnifiques carrières. Moi qui méprise le luxe, produit de l'art et de la richesse, j'admirerai les ouvrages de la nature, et non ces entreprises extravagantes qui préparent follement la ruine de nos neveux.

Moselle, une grève solide couvre tes rivages humides, et ne retrace point l'empreinte des pieds qui les ont foulés; une surface transparente permet à la vue de sonder la profondeur de tes eaux, car il n'y a point pour ce fleuve de secret qu'un seul coup d'œil ne révèle, comme un ciel serein; et de même que les doux zéphyrs n'empêchent pas le regard de parcourir les espaces de l'air, de même aussi l'œil qui plonge au sein de ton onde y découvre ce qu'elle renferme de plus caché. Lorsque ton cours est tranquille, les flots, doucement agités, laissent entrevoir, sous une teinte azurée, tantôt des figures semblables à des sillons formés sur le sable par un léger courant, tantôt des plantes frémissantes, dont les tiges inclinées forment au fond des eaux un lit de verdure. Ainsi, dans les sources vives, on voit des herbes que les vibrations de l'eau mettent en mouvement; les cailloux brillent ou disparaissent, et le gravier se détache de la mousse.

Tel est le tableau observé sur les rives de la Calédonie, lorsque le reflux laisse à sec sur le rivage l'algue verte, le rouge corail et la blanche perle, produit d'un coquillage, ces délices de l'opulence qui retracent sous les flots l'exacte imitation de nos ornemens et de nos parures. De même la paisible Moselle laisse découvrir, au sein de son onde, des herbes de mille couleurs, mêlées à une infinité de petites pierres. Des troupes joyeuses de poissons fatiguent l'œil attentif et trompé, lorsqu'il les suit dans leurs jeux. Il serait impossible d'indiquer les innombrables circuits de tant d'espèces, les légions qui remontent le fleuve, les noms des individus qui composent une famille aussi multipliée, sans en omettre aucun : le dieu auquel échut en partage le second lot de l'univers, l'empire de la mer et du trident, s'y oppose et me l'interdit.

Naïade qui habitez les bords de la Moselle, faites-moi connaître l'ensemble de la troupe écailleuse, et montrez-moi leurs cohortes nageant dans les flots azurés du fleuve.

Au milieu des herbes sablonneuses brille le *meunier*, dont la chair trop molle est soutenue par une multitude d'arêtes; il se corrompt avec promptitude, et ne peut être servi à table six heures après avoir été pêché; la *truite* commune, dont le dos est tacheté de pourpre; l'*anguille* innocente faute d'arêtes, et l'*ombre* légère qui échappe à l'œil par la célérité de ses mouvements. Quand le *barbeau*, longtemps tourmenté dans la Sarre par les tourbillons qui bondissent de six embouchures formées par des rochers, arrive enfin dans la Moselle, on l'y voit prendre tout son essor et nager à l'aise. D'autant plus estimé qu'il se trouve plus vieux, le barbeau est de tous les êtres vivants le seul dont la vieillesse soit appréciée. Je me garderai bien de t'oublier, toi, *saumon*, à la chair rouge et vive. Un coup de ta large queue imprime au fond de l'eau un mouvement qui se communique aussitôt à la surface, et dont la cause demeure invisible. Ta poitrine, comme une cuirasse, est hérissée d'écailles; ta hure glissante est servie dans les repas les plus friands; tu peux attendre, sans te corrompre, un temps assez long; les taches de ta tête la rendent remarquable; tes entrailles sont développées, et ton obésité est énorme. La *lamproie*, que l'on pêche en Illyrie et sur les rives de l'Ister au double nom, se laisse deviner par une écume qui surnage, et se rend aussi dans la Moselle, sans doute pour que les eaux de ce fleuve ne soient pas privées d'un hôte aussi fameux. De quelles couleurs la nature ne l'a-t-elle point peinte! Des points qu'entoure une auréole jaune marquent la surface de son dos; le long de sa peau lisse s'étend une teinte azurée; le milieu de son corps est surchargé d'embonpoint, et, de cette partie jusqu'à l'extrémité de sa queue, sa peau devient sèche de maigreur. *Perche*, délice de la table, je ne te passerai pas non plus sous silence; seule de tous les poissons habitant les fleuves, tu peux être comparée à ceux qui viennent de la mer, et rivaliser aisément avec les *mulets* à couleur rouge. Ta chair savoureuse est composée de parties unies entre elles par des écailles et divisées par des arêtes. On remarque encore ici l'hôte des étangs, le *brochet*, dont le nom latin est une plaisanterie. Ennemi juré des grenouilles coassantes, il recherche les roseaux et la vase; aussi est-il rejeté des tables distinguées, et seulement admis dans ces ignobles cabarets infectés de la fumée qu'ils exhalent. Qui ne connaît la verte *tanche*, ressource du vulgaire; l'*ablette*, proie facile pour les hameçons des enfants; l'*alose*, dont le bas peuple se nourrit après l'avoir fait rôtir sur le gril; la *truite*, qui conserve de l'analogie avec deux autres espèces dont cependant elle diffère, n'étant ni saumon, ni truite saumonée, quoique l'on puisse aisément la confondre avec l'un et l'autre; poisson douteux et bon à pêcher lorsqu'il a atteint la moitié de l'âge des deux autres? Parmi les troupes de poissons qui fréquentent notre fleuve, il faut citer le *goujon*, dont la longueur n'excède pas huit doigts; il est rond et fort gras; sa femelle ovipare a le ventre plus développé que le mâle; les nageoires du goujon imitent parfaitement celles du barbeau. C'est le moment de te célébrer, grand *esturgeon* que la mer enfante, et dont le dos reflète les teintes de l'olive; je te considère comme le dauphin des rivières. Lorsque tu te laisses glisser dans les fleuves que tu remontes, souvent embarrassé dans les herbes ou arrêté par le manque d'eau, c'est à peine si ton vaste corps peut accomplir ses mouvements. Mais, lorsque tu t'avances au milieu de l'onde avec calme et majesté, tu excites l'admiration des rives verdoyantes, des poissons qui nagent à tes côtés, et des flots que tu ne troubles pas. Le sein du fleuve s'ouvre devant toi, et les vagues se précipitent sur le rivage. Souvent, dans la mer Atlantique, on voit l'énorme baleine, poussée vers la plage par le vent ou par un mouvement volontaire, diviser la masse des eaux, soulever les flots et menacer les montagnes voisines, tandis que la baleine de notre Moselle, paisible, inoffensive, ne semble y venir que pour ajouter à sa gloire.

Mais notre attention s'est assez long-temps arrêtée sur la plaine liquide et les troupes joyeuses de poissons qu'elle renferme; nous avons suffisamment décrit leurs nombreuses espèces. Le magnifique spectacle des vignobles offre d'autres attraits, et les présents de Bacchus sont bien dignes de fixer nos regards incertains. Une longue chaîne de montagnes escarpées, des rochers, des collines exposées au soleil, des pentes douces, des sinuosités où partout surgit la vigne, forment une sorte de théâtre naturel. Ainsi l'on voit le mont Gaure et le Rhodope parés d'une riche vendange; le mont Pangé, qui doit son éclat aux pampres dont il se couronne ; ainsi, sur le rivage de la mer de Thrace apparaît le mont Ismare, brillant d'une éclatante verdure ; tels sont enfin les vignobles de ma patrie, lorsqu'ils font réfléchir une teinte jaunâtre aux eaux de la Garonne. Car, dans ces lieux, la vigne couvre le sommet de la montagne, les revers de la colline et le rivage du fleuve. Heureux des travaux qui les occupent, les vendangeurs empressés s'agitent de toutes parts ; tantôt ils gravissent le sommet des collines, tantôt ils les descendent et s'agacent entre eux par de joyeux propos ; le voyageur qui côtoie la rivière, et les matelots qui en suivent le cours, adressent, en chantant, des reproches au vendangeur paresseux. Leurs cris sont répétés par les échos des rochers, des forêts et du fleuve. Ce spectacle ne plaît pas seulement aux mortels. Il me semble voir accourir sur ces rives les satyres des champs et les nymphes des prairies, lorsque, animés d'une joyeuse impudence, les pans, aux pieds de chèvre, se précipitent dans les flots. Pendant qu'ils agitent le fleuve par la violence de leurs mouvements, les nymphes tremblantes se cachent sous les eaux. Souvent la naïade Panope, entourée de ses amies les Oréades, évite les Faunes lascifs, divinités champêtres d'un autre genre, et court dérober des raisins sur les collines. On dit même qu'au moment où le soleil brûlant est au milieu de sa course, aux heures où l'extrême chaleur du jour éloigne les regards des humains, satyres et naïades, réunis en chœur, viennent s'ébattre sur une même rive, et que ces nymphes, pour s'amuser, provoquent les satyres à plonger dans les flots. Maladroits à la nage, les satyres cherchent vainement à saisir les nymphes qui leur échappent ; au moment où ils croient tenir leurs membres souples et glissants, dupes de l'illusion, au lieu d'un corps, ce n'est que de l'eau qu'ils saisissent. Pardon, si je révèle en partie des choses dont aucun mortel n'a été témoin : que ces secrets demeurent cachés, et que la Garonne conserve la vénération portée à ses rives.

Un autre spectacle s'offre à tous les regards, c'est celui de la Moselle reproduisant l'image de la colline avec tant de vérité, que l'eau paraît avoir des feuilles, et que le fleuve semble planté de vignes. A l'heure où l'étoile de Vénus fait avancer les ombres tardives de la nuit, quelle couleur vient s'étendre sur les flots, et donner à la Moselle l'apparence d'une verte montagne ? Les collines vacillantes semblent nager dans ses eaux ; on voit au loin les pampres s'agiter ; la vendange paraît grossir dans le cristal de l'onde ; le marinier trompé, voguant dans son esquif d'écorce, compte au milieu des flots les ceps de vigne, là où la colline est reflétée dans le fleuve avec l'extrémité des ombres des coteaux voisins. Que ces spectacles sont agréables, surtout quand on voit de légers navires, garnis de rames, lutter au sein du fleuve en décrivant mille détours, ou bien glisser le long de la verte rive, et froisser les herbes qui croissent au bord des prés que la faux a moissonnés ! En observant la gaîté des patrons assis sur la poupe ou la proue de leurs barques; en voyant cette folle jeunesse qui joue sur la plaine liquide, le spectateur charmé oublie le temps, ses affaires, le souvenir des soucis qui l'agitaient. Telle fut la scène offerte à Bacchus, lorsque, du haut des coteaux du Vésuve toujours fumant, ou des vignobles du mont Gaure dont les flancs recèlent le soufre, Vénus, enchantée de la victoire d'Actium remportée par Auguste, ordonna aux amours badins d'imiter, dans leurs jeux, les combats furieux qui venaient d'avoir lieu entre les vaisseaux et les galères romaines, sous la citadelle apollonienne de Leucade ; telles étaient ces naumachies des barques de Cumes, quand, pour se préparer à combattre Pompée vaincu à Milazzo, elles fesaient retentir l'Averne de leurs chocs inoffensifs ; luttes joyeuses, véritables jeux comme on en voit encore sur la mer de Sicile, en face du mont Pélore. De pareils tableaux sont retracés sur la Moselle, où l'on voit la pétulante jeunesse s'exercer sur des barques peintes de brillantes couleurs. Le soleil, en tombant d'aplomb sur la tête des matelots, dessine dans les eaux leur image, et redresse les ombres courbées de leur corps incliné. A mesure qu'ils répètent, tantôt d'une main, tantôt de l'autre, de rapides mouvements, car ils se délassent en changeant la direction de leurs rames, ce sont de nouvelles figures et de nouveaux personnages que l'onde représente et réfléchit. Ces jeunes marins trouvent un certain charme à se voir ainsi reproduits dans les flots, et s'étonnent de l'exacte ressemblance des figures que le fleuve répète à leurs yeux. Ainsi, une nourrice voulant montrer à son élève chérie le bel arrangement de sa chevelure, l'approche du miroir qui la réfléchissait de loin : la jeune fille, ravie d'un tableau dont elle ignorait la cause, croit apercevoir l'image de sa sœur ; elle adresse au miroir des baisers qui ne lui seront pas rendus, et fait de vains efforts pour s'emparer des épingles de sa coiffure, ou lisser ses cheveux du bout de ses doigts sur le bord de son front. De même nos jeunes matelots, en présence de ces ombres qui les amusent, jouissent du plaisir de voir des images fictives qui leur semblent réelles.

Des points de la rive où les abords sont faciles, on voit la troupe dévastatrice des pêcheurs fouillant toute la profondeur de la Moselle. Poissons, vous avez, hélas ! bien du mal à vous défendre dans un fleuve où l'on peut toujours vous atteindre ! Ici le pêcheur tire ses filets humides jusqu'au milieu des eaux, entraînant une infinité de poissons arrêtés par les mailles et les nœuds ; sur les points où le fleuve promène ses flots paisibles, vous en voyez un autre qui dirige un filet flottant marqué par des morceaux de liège. Ailleurs, du haut d'un rocher, le pêcheur, penché sur l'onde, incline une ligne flexible dont l'extrémité se courbe, et lance des hameçons qui recèlent la mort sous des appâts trompeurs. La troupe errante des poissons ne se doutant pas des pièges qui lui sont tendus, se précipite sur ces mets dangereux : l'hameçon traverse leur gosier, pénètre dans leurs entrailles palpitantes, et ils reconnaissent, mais trop tard, à de vives et cruelles blessures, la présence du fer ennemi : la soie aussitôt agitée fait frémir la ligne, et le jeune pêcheur retire brusquement de sa main droite, dans une direction oblique, le poisson qu'il vient de prendre. A ce mouvement, une sorte de sifflement se fait entendre, l'air le répète comme le retentissement d'un coup, et semble gémir ; le poisson mouillé saute sur les rochers arides, et redoute les rayons d'un soleil dont les traits lui sont mortels. Toute cette vigueur qu'il montrait naguère dans les flots, s'épuise bien vite sous l'impression d'un air trop vif et trop abondant. Déjà une sorte de langueur se manifeste dans ses mouvements ; sa queue engourdie essaie de se contracter pour la dernière fois ; sa bouche s'entr'ouvre ; ses ouïes, qu'agite un dernier souffle, exhalent l'air absorbé. On dirait que ce fluide, alimentant le feu d'une forge, est reçu et renvoyé tour à tour par une pièce d'étoffe placée entre deux tables de hêtre. J'ai vu quelques poissons expirants rassembler toutes leurs forces, et, par un effort désespéré, s'élever en l'air, puis retomber dans le fleuve, où ils retrouvaient un élément sur lequel ils ne comptaient plus. J'ai vu le jeune pêcheur imprudent se précipiter du haut du rivage dans les flots, et chercher à ressaisir à la nage la proie qui lui était échappée. C'est ainsi que, dans le détroit de Béotie, on voit Glaucus d'Anthédos, pour se soustraire à l'action du venin que lui avait fait prendre Circé, manger des herbes qui rendaient la vie aux poissons expirants, et devenir aussitôt nouvel habitant de la mer de Carpatris. Pêcheur célèbre, redoutable par ses hameçons et ses filets, pour qui la mer n'avait point de lieux cachés, grand destructeur de poissons, Glaucus nage maintenant au milieu des bandes qu'il rendait autrefois captives.

Les habitations suspendues à la crête des rochers qui dominent la Moselle, contemplent de loin tous les tableaux que nous venons d'esquisser; le fleuve les sépare en promenant au milieu d'elles ses flots sinueux, et des monuments prétoriens décorent ses rivages.

Qui pourrait admirer maintenant la mer de Sestos et le fameux détroit d'Hellès, fille de Néphèle, ou celui du jeune homme d'Abydos? Qui contemplerait ce pont du grand roi construit sur la mer de Calcédoine au point où l'Euripe interdit la jonction de l'Europe à l'Asie? Sur la Moselle, on ne redoute ni la fureur des flots si terribles dans les détroits, ni les violents combats que se livrent les vents Corus. Les habitants de nos rivages, unis par un langage commun, peuvent entretenir aisément des conversations animées; le calme qui règne ici permet d'entendre les voix de ceux qui se saluent, les cris qu'ils jettent, et pour ainsi dire, le bruit de leurs mains: l'écho, comme un interprète placé au sein du fleuve, répète les paroles échangées des deux rives.

Quelle mémoire assez fidèle pourrait rappeler l'immense variété de formes architecturales que présentent les nombreux édifices répandus dans chaque village de la Moselle, et leurs divers ornements. L'architecte de Gatine qui éleva le temple de Cumes, et auquel la douleur paternelle ne permit pas de reproduire sur l'or la catastrophe de son fils Icare; Philon d'Athènes et l'illustre géomètre dont le génie, justement apprécié d'un ennemi vainqueur, avait réussi à prolonger le siège célèbre de Syracuse, ne dédaigneraient pas d'y accoler leurs noms. Peut-être Marcus, en composant la semaine de son dixième volume, avait-il en vue les merveilles humaines étalées sur ces rives. Ici brillent, en effet, de tout leur éclat, l'art de Ménécrate, le talent de l'architecte fondateur du temple d'Éphèse, et celui de l'artiste qui plaça sur le sanctuaire de Minerve une chouette douée d'un tel charme, qu'elle attirait toutes sortes d'oiseaux qui périssaient ensuite par la fascination de son regard. Peut-être ces lieux ont-ils été visités par Dinocharès, célèbre architecte du palais de Ptolémée, où il éleva une statue sur un cône composé de pierres quadrangulaires, qui absorbait son ombre. C'est à lui qu'on ordonna, en raison d'une alliance incestueuse, d'attacher à la voûte du temple d'Alexandrie l'image d'Arsinoé; il y mit un zéphyr d'aimant qui la tenait suspendue par sa chevelure de fer. Ces artistes, ou leurs rivaux en talents, auront sans doute dessiné la position des édifices qui couvrent les campagnes de la Belgique, ainsi que les maisons élevées qui décorent la Moselle. L'une s'élance au sommet d'un rocher naturel; l'autre est construite sur une élévation riveraine qui s'avance vers le fleuve. Celle-ci est assise sur un terrain plus reculé, et semble retenir captive la rivière sinueuse qui vient baigner ses pieds; celle-là, élevée sur le penchant d'une colline, domine de beaucoup le fleuve, étend sa vue sur des terres cultivées ou agrestes, et jouit du spectacle d'un délicieux domaine qu'on croirait le sien. Les édifices assis humblement dans la plaine humide jouissent, par leur élévation, des avantages que présente la colline. Leur hauteur est si grande qu'ils semblent s'élancer dans les airs, et la tour qui les domine peut être comparée au phare de Memphis. L'une de ces tours sert à faire prendre les poissons qu'enferment les anfractuosités de rochers échauffés par le soleil; tandis que l'autre, bâtie sur la crête de la montagne, protège au loin les flots qui s'écoulent à ses pieds.

Que dirai-je de ces salles magnifiques construites sur de vertes prairies, et dont les toitures brillantes sont soutenues par une multitude de colonnes? Comment décrire ces bains sulfureux construits le long du parapet du fleuve, lorsque le souffle de Vulcain condense, dans des canaux bien fermés, les flammes que l'ardeur du feu pousse au dehors? J'ai vu des baigneurs, épuisés par d'excessives transpirations, préférer aux eaux froides des piscines ou des étangs voisins les eaux courantes de la rivière: ils ne tardaient pas à s'y réchauffer en coupant les flots à la nage. Si quelque habitant de Cumes arrivait en ces lieux, il trouverait à nos bains de la ressemblance avec les thermes de Baïes, tant on y apporte de soins et de propreté, sans que le luxe s'y introduise.

Moselle, fleuve digne d'être comparé à l'Océan lui-même, comment achever ton éloge sans dire qu'une infinité de rivières viennent se joindre à toi par diverses embouchures, quoiqu'elles puissent retarder l'instant de leur réunion ; mais toutes montrent l'empressement le plus vif à confondre leurs noms avec le tien. Ainsi, la *Sura*, grossie des eaux du *Pronée* et du *Némèse*, digne de s'unir à notre fleuve, se hâte de s'y rendre, et de lui porter, avec ses propres eaux, celles des rivières qu'elle a reçues, trouvant plus de gloire à se confondre étroitement avec la Moselle, qu'à se perdre dans l'Océan par des embouchures ignorées. Le *Kel* rapide et l'*Erubre*, célèbre par ses marbres, s'empressent de te porter le tribut de leurs flots ; le Kel si renommé par les poissons qu'il nourrit, qui fait tourner les roues des moulins, et qui met en mouvement la scie des marbriers dont le bruit retentit sans cesse sur l'une et l'autre rive. Je passe sous silence le *Lisère* et le *Draum*, ruisseaux de peu d'importance, et je ne ferai pas mention des eaux du méprisable *Salm*. La Sarre, aux ondes navigables et aux flots retentissants, m'appelle de toute sa voix et termine une course dont la longueur la fatigue, en prenant son embouchure sous les murs de la ville impériale. L'heureuse Eltz, qui n'est en rien inférieure à la Sarre, promène ses ondes paisibles à travers des champs fertiles, et baigne des rivages couverts d'une multitude de fruits. Beaucoup d'autres rivières se hâtent, autant que peut le permettre la rapidité de leur cours, de s'unir à la Moselle, tant il y a d'empressement et d'effort de la part de tous ceux qui briguent cet honneur.

Si le poète de Smyrne ou le chantre fameux de Mantoue t'avait célébré, fleuve divin, le Sémoïs, renommé sur le rivage de Troie, ne pourrait te disputer le premier rang, et le Tibre lui-même n'oserait s'arroger la préférence. Pardonne, cité puissante ; éloigne, je t'en conjure, tout sentiment de jalousie, et que Némésis, dont le nom est étranger à la langue latine, protège la résidence impériale et les fondateurs de Rome.

Salut, Moselle, mère féconde en hommes et en fruits ; illustre par les hauts fonctionnaires, la belliqueuse jeunesse que tu produis, et la langue que l'on parle sur tes bords, digne rivale de la langue romaine. La nature a concédé à tes habitants une humeur joviale sous une physionomie grave et des mœurs douces. Rome n'est pas la seule ville qui ait d'anciens Catons à citer; et Aristide, la gloire de la vieille Athènes, ne mérite plus seul le beau nom de juste. Mais pourquoi, dans l'excès d'enthousiasme que tu m'inspires, irais-je affaiblir tes louanges, en laissant errer mon imagination? Muse, cache ton luth; mes derniers vers ont résonné sur ses cordes vibrantes. Un temps viendra où, pour adoucir par l'étude les ennuis d'un ignoble repos, et réchauffer ma vieillesse glacée en choisissant un honorable sujet, je chanterai les hauts faits des Belges et les mœurs des citoyens qui font l'ornement de leur patrie. Peut-être qu'alors les Muses m'inspireront des chants légers, pleins de convenance et de délicatesse, et peut-être aussi que l'honneur de la pourpre consulaire sera devenu ma récompense. De quoi ne parlerai-je point alors? Je célébrerai les paisibles cultivateurs, les sages jurisconsultes, les orateurs qui prêtent aux accusés le noble appui de leur éloquence; les illustrations des cours municipales, celles de chaque sénat, ainsi que les professeurs distingués dont l'art oratoire mériterait les éloges du vieux Quintilien. Je chanterai les citoyens qui ont gouverné leur ville natale, dont le tribunal n'a jamais été souillé par le sang, et qui ont illustré leurs faisceaux toujours innocents. Je parlerai de ceux qui, sous le titre secondaire de préfets, ont régi les peuples d'Italie et ceux de la froide Bretagne; de celui qui, dans un poste secondaire, a commandé Rome, son peuple et son sénat, quoiqu'il fût égal en mérite à ceux qui tenaient le premier rang; la fortune se hâte enfin de réparer ses anciens torts, en lui rendant des récompenses injustement ravies, et en le replaçant au faîte d'honneurs si grands, que la gloire en rejaillira sur sa postérité. Aujourd'hui, terminons l'œuvre commencée; ajournons à une autre époque l'éloge des hommes illustres du pays; disons seulement que l'heureuse Moselle dirige son agréable cours au milieu de campagnes verdoyantes, et suivons-la, pour l'immortaliser, jusque dans les eaux du Rhin.

C'est à vous maintenant, ô Rhin, d'ouvrir, pour recevoir la Moselle, votre sein d'azur; d'étendre votre manteau d'un vert transparent, et de vous frayer une route nouvelle. Non seulement vous vous enrichissez des eaux de cette rivière, mais vous êtes fier encore de ce qu'en baignant les murs de la ville impériale, elle a pu être témoin des triomphes communs de l'empereur et de son fils, ainsi que de la défaite de nos ennemis au-dessus du *Necker*, de *Lepodunum*, et des sources de l'Ister, inconnues aux annales romaines. Sans doute que la victoire qui termina la guerre, va produire de nouveaux lauriers.

Fleuves, restez unis; continuez votre course, et repoussez d'un commun accord les flots d'une mer furieuse. Ne craignez pas, admirable Rhin, de paraître inférieur à la Moselle. Un tel hôte ne connaît point l'envie. Jouissez de l'immortalité attachée à votre nom, et, certain de votre gloire, hâtez-vous d'adopter la Moselle pour sœur. Riche de vos propres eaux, riche des nymphes qui les habitent, votre lit, assez grand pour tous deux, étendra ses deux branches sur deux rives parallèles, et déchargera par diverses embouchures vos flots réunis. Il sera facile alors de faire arriver les forces destinées à imprimer la terreur aux habitants de la Franconie, aux Chamaves et aux Germains; vous deviendrez la véritable barrière de l'empire; vous serez assez grand pour porter un double nom; et malgré votre source unique, vous mériterez le nom de Rhin à la double embouchure.

Pour moi, Vivisque d'origine, connu des Belges par l'hospitalité que j'ai trouvée près d'eux à la suite des derniers traités, et qui porte le nom latin d'Ausone; moi dont la patrie et le domicile sont situés entre l'extrémité des Gaules et les hautes montagnes des Pyrénées, là où la joyeuse Aquitaine ne présente que des mœurs naïves, c'est à peine si j'ose chanter la Moselle. Je ne puis la captiver par cette offrande légère de ma muse; aussi, loin d'ambitionner un éloge, c'est au contraire un pardon que je sollicite. Vous avez, ô fleuve célèbre, assez d'autres poètes qui vont puiser sans cesse dans les sources sacrées, et auxquels il arrive très-fréquemment de tarir l'Aganippe.

Lorsque l'empereur et son fils, objet de tous mes soins, m'auront renvoyé, blanc de vieillesse, dans la ville de Bordeaux, ma patrie; et qu'honoré des faisceaux consulaires et de la chaise curule, j'aurai terminé l'éducation par moi commencée, je reprendrai avec plus de verve que jamais les louanges de ce fleuve; j'y joindrai l'éloge des villes au-dessous desquelles la Moselle coule paisiblement; je parlerai de ces forteresses aux murailles antiques qui jouissent de la vue de ses eaux. Construites pour les protéger dans les temps difficiles, ces forteresses ne servent plus aujourd'hui de citadelles, mais de greniers d'approvisionnement à la Belgique pacifiée. Je vanterai la félicité des habitants des deux rives, et la gloire d'un fleuve qui passe au milieu des travaux de l'agriculture et divise des champs d'une égale fertilité. Ni la *Loire*, ni l'*Aisne* rapide, ni la *Marne*, située sur les limites de la Gaule et de la Flandre, ni la *Charente*, qui fait refluer la mer de Saintonge, n'oseront lui disputer le pas. La *Dordogne*, qui descend d'une montagne couronnée de neige, le lui cédera avec plaisir, et la Gaule sera loin de lui préférer le *Tarn*, malgré l'or qu'il charrie. L'*Adour tabellique*, roulant au loin ses ondes irritées de rochers en rochers, ira se jeter dans une mer éclatante, après avoir porté son hommage à la divinité de la Moselle.

Ton éloge, ô Moselle, ne doit pas seulement retentir dans les lieux où, par une heureuse bifurcation, ta source émane d'un lit d'or; il ne doit se restreindre ni aux parages que tes paisibles sinuosités arrosent, ni à ceux où ton cours doit finir au-dessous des ports de la Germanie; tu es digne des louanges des pays éloignés. Si ma muse obtient du succès; si quelques lecteurs lui consacrent leurs loisirs; Moselle, ton nom passera dans la bouche des hommes, et mes chants le sauveront de l'oubli. Tu seras connue des fontaines, des lacs et des fleuves aux flots d'azur; tu le seras encore des antiques forêts qui font la gloire des villages. La *Drôme*, la *Durance* au lit inconstant, les fleuves des Alpes auront de la vénération pour toi; le Rhône, qui partage une ville en deux parties, fera retentir ton nom sur la droite de son rivage, tandis que moi je le proclamerai en face des lacs, des fleuves les plus illustres, et de la Garonne qui va se jeter dans la mer.

www.ingramcontent.com/pod-product-compliance
Ingram Content Group UK Ltd.
Pitfield, Milton Keynes, MK11 3LW, UK
UKHW020253250726
13967UKWH00004B/1658

9 782012 860681